TAKE YOUR BUSINESS FROM STARTUP TO GAME CHANGER

SIMPLIFY: HOW THE BEST BUSINESSES IN THE WORLD SUCCEED
BY RICHARD KOCH AND GREG LOCKWOOD

极简法则

从苹果到优步的深层简化工具

[美] 理查德·科克
格雷格·洛克伍德 著

李璐 译

前言一

理查德·科克

在过去的 40 年中,我一直在找寻简单、基本、巧妙与简约的法则,也就是那些能够帮助个人建立伟大的新企业,从而使人类与社会更加丰富充盈的法则。

法则(principles)是好东西,因为如果它们足够有力,就能够让我们事半功倍,不撞南墙。在科学与商业领域,恰好就有这样一些法则。然而,尽管绝大多数科学家都对自己领域内的优美法则了然于心,只有很少数的商业人士用法则来指导自己的日常工作,大部分人倾向于依靠法则更浅的一个层次——方法(methods)。但是,正如 19 世纪的哲学家拉尔夫·沃尔多·爱默生(Ralph Waldo Emerson)所说:"世间方法可能有千千万万,但法则却少之又少。抓住法则的人能够成功地挑选出适合自己的方法,但一味尝试方法却忽略法则的人必将陷于麻烦之中。"

从评判标准来看,法则必须具有压倒性的力量,使得如你我一般的凡夫俗子,都能够仅凭一点点人类共识,通过小心仔细地遵循法则而非依靠个人才智,就能切实可信地创造出非凡的成果。

法则可以告诉你，你能够开创或是工作于哪一种企业。如果你紧跟法则而动，这一事业就很有可能会成功。

在反复试错的过程中，我已经粗略成功地识别出了一些令人惊叹的法则。如果四年前你问我，商业中哪一条法则最行之有效，我会回答是明星法则（Star Principle）。如你所知，这正是我对波士顿咨询公司发明的"波士顿矩阵"的个人阐释，这个矩阵也被称为"成长-份额矩阵"。在波士顿矩阵中，每一家企业都能被归于以下四类之一：

- 明星（Star）——高增长市场中的最大企业。
- 问号（Question mark）——高增长市场中的非最大的企业。
- 现金牛（Cash cow）——低增长市场中的最大企业。
- 瘦狗（Dog）——低增长市场中的非最大的企业。

明星法则如是说：

- 最好的企业都是"明星"，也就是说，它们在快速增长（即连续数年至少保有10%的年增长率）的市场中拔得头筹。
- "明星"具有惊人的价值，因为它们能呈指数级增长，同时持续盈利并具有稳定的现金流。
- "明星"企业的比例大概只占所有企业的1%~2%，但却占有比产品整个生命周期所创造的还要多的现金（因为有一些非明星企业吸收的现金多，创造的现金却少）。因此"明星"企业正是企业家、风险投资家与其他投资者获利的来源。

- 通过从头开始建立一种全新的企业类别，或是将原市场下某个子集重新细分为一种新的企业类别，取代市场早期领导者的位置，这样就有可能建立一家全新的明星企业。[1]

通过在个人投资中运用明星法则，我积累了属于自己的财富。[2] 在过去的 23 年中，我投资了 16 家初创企业或年轻公司，其中 8 家为我带来了至少超出原始投资 5 倍的收益。整体来看，它们为我带来了每年 20% 的收益，远比专业风险投资人的平均收益高。

我是如何做到这一点的呢？因为我恪守明星法则。现在，我只投资明星企业或特定市场中的潜在明星企业。

然而，其中也存在问题。明星法则能够告诉你一家现存的企业是否已经是"明星"，但它并没有告诉你如何才能创造出一家明星企业，或是如何在高增长市场取代现有的市场领袖，成为"明星"。

所以，是否另有法则能够告诉你如何切实成为"明星"呢？

过去 4 年，我一直在寻找一个答案。

在与风险资本家、《超级沟通》（*Superonnect*）一书的合作者格雷格·洛克伍德（Greg Lockwood）一起工作的过程中，以及在 OC&C 战略咨询公司高质量研究的支持之下，我相信我们已经有了答案。我敢说，这就是答案。

而这个答案就是，对企业和市场进行"简化"（simplify）。

如果你想知道简化为何重要，以及如何做到简化，就请继续往下看吧。

前言二

格雷格·洛克伍德

我的工作就是对企业进行投资，因此我是一名职业的怀疑论者。我本能地厌恶过分简单化的箴言与最新的管理风尚。我一直以来都认为，企业要想成功，少不了注重细节与各种微妙之处，管理者的品性究竟如何更是至关重要。因此，从很多方面来讲，我与理查德的合作看起来应该很是古怪，毕竟他的世界观比我，或是我所认识的任何一个人来说，都要更倾向于简化！

但是，在我与理查德相识的14年中，他帮助我明白了，某些朴素的经验法则并非一成不变，它们往往蕴含浓缩了深刻的见解与前瞻性。明星法则与80/20法则正是两个得到有效验证的绝佳例子。理查德提出的法则往往很容易掌握、很容易沟通，最重要的是，这些法则可以使人处乱不惊，做出行动。在商业领域，比起花费时间做到完美无缺，大部分时候保持正确和果断决定通常能带来更好的结果。

通过将创新归纳为两项经实践验证的可行策略，对企业的简化可谓是对理查德的80/20法则与明星法则的自然延伸。他简化了策略的实施，同时也使得简化企业和简化高效的艺术变得更加简单。

这一主张还有一个诱人之处，它揭示了创新所带来的最深远的影响。我们通常将创新视为发明。如今就有一波对发明者的崇拜。毕竟，能够拓展知识边界、创造新事物，或解决悬而未决的问题的人，通常都非常特殊。然而，对知识的首次创新只能够影响区区数人。将绝大多数经济利益带给全人类的是简化者，正是他们将发明与发现的成果带入了大众市场。

让更多人获得好处，这样的效应发生之时便是世界真正改变之时，也是最高的经济收益所栖身之处。发明者们的地位毋庸置疑。但相同地，我们也应崇敬那些将物有所值的商品带给大众的人，这便是对简化者们的崇拜。

大揭秘！

在前言中，我（理查德）讲述了简化企业与市场的重要性。为何说它是可取的呢？因为，事实证明，它是创造大规模市场、建立高盈利企业的秘密。

我第一次意识到这点，是在我25岁进入波士顿咨询公司（Boston Consulting Group，简称BCG）之时。我曾就读于沃顿商学院，正是在那里，我进行着一种"个性化专业"的学习，这个名词看似华丽，但其实就是学习所有我感兴趣的东西，包括合作。尽管是当时的时髦之物，但没有教给我一丁点儿关于创办超高盈利企业的方法。说实在的，当我毕业时，我还有些担忧谁会愿意雇用我，因为我并不擅长任何一项专业技能，比如说公司财务或市场营销。更甚者，尽管我知道很多晦涩难懂的商业理论，但是对于真正有用的东西却一无所知。因此，想象一下当我遇到BCG的招聘官时我有多么如释重负，他们告诉我，BCG正在寻找像我这样年轻、直率、初出茅庐的人，他们会训练我们使用BCG判断企业成功的模型，包括将客户企业归类为明星、现金牛、问号或瘦狗，然后告诉客户如何改善境况。我自己可以什么都不懂，需要学会的仅仅是如何来做这种分析。

除去找到工作带来的宽慰，我突然感到BCG本身就是一家特殊的公司。仅仅凭借一帮聪明却毫无经验、刚刚获得MBA学位的人就能大批量生产的咨询服务，它就能从全美乃至于全世界最顶尖的企业收取大笔报酬。我也开始发现，对于企业而言，这份工作很有价值，因为能够帮助企业出售或关闭没什么发展潜力的公司，专注于它们拥有的少数好公司，也就是明星企业身上。但是，最让我印象深刻的还是BCG的迅猛成长，它在低"生产成本"的加持下实现了相当高的利润。波士顿矩阵背后的简单法则，使得BCG可以培训像我这样资质不足的人，并相信我们会在很短时间内拿出兼具独创性和实用性的分析。

BCG为何能够做到这点呢？因为它进行了简化。它浓缩了千千万万本商业策略的经典之作，提炼出一个小巧精致的模型，它能够廉价地推广到任何企业，售价却极高，因为它能让大企业客户——也是BCG的市场所在——受益。

从客户的角度来看，成效又有哪些呢？波士顿矩阵非常简单，组织内部的任何人都能够轻而易举地领悟它；并且非常实用，能告诉公司经理需要做什么。它简单好用、贴近实践、简洁好记，能够在客户企业内部作为简化而统一的沟通机制。

这让我开始思考，也许那些最成功的企业，不仅是高增长市场中的领先者（根据明星法则而言），还是简化最彻底的。在经济困难

的时期,简化有两个巨大的好处:

- 它能够为企业与市场带来高速的增长;
- 它能在做到上面这点时保持高收益,因为简化可以在降低生产成本的同时,保持高价格。

这一招多巧妙啊!

纵观我的职业生涯,我一直在寻找简单的答案,但从没有像对待 80/20 法则和明星法则那样,以系统性的方式将法则模板应用于简化这一主题。因此,在大概 5 年前,格雷格指出了我想法中的这一疏漏。这就是我们开始写作本书的原点。

秘密的脉络线

格雷格与我得到的结论是,简化理应能够带来非凡的成功。但还有个大惊喜在等待着我们。我们认为,诠释简化,以及阐明如何简化的最好方式,就是去发掘过去百年来最成功的简化者们的案例研究,而这比我们预想之中还要简单。从古至今,对我们来说能够使用的案例数不胜数。

于是我们开始慢慢看到了真相,也就是简化的真正秘密:直到今日,20 世纪所有关于伟大成功的故事,几乎都是关于简化的故事。

我们发现,简化并不只是像策略或是经济理论所认为的那样理应带来巨大的经济成功。通过观察那些不仅改变了企业面貌，还改变了工作与生活方式的人，我们意识到这正是明智而富有创造性的简化曾经并且一直在做的，它不仅能够带来非凡的成就，还对社会产生了深远影响。

如果你给过去百年，或是 50 年、20 年、10 年甚至仅仅 5 年间最为成功的人列个名单，你会发现其中的绝大多数人都是伟大的简化者：

- 亨利·福特；
- 艾伦·莱恩；
- 麦当劳兄弟与雷·克罗克；
- 沃尔特·迪士尼；
- 英瓦尔·坎普拉德；
- 川岛喜八郎；
- 布鲁斯·亨德森；
- F. 肯尼斯·艾弗森；
- 赫布·凯莱赫；
- 史蒂夫·乔布斯与乔纳森·伊夫；
- 盛田昭夫；
- 比尔·贝恩；
- 詹姆斯·戴森；
- 米特·罗姆尼；

- 杰夫·贝索斯；
- 皮埃尔·奥米迪亚；
- 拉里·佩奇与谢尔盖·布林；
- 丹尼尔·埃克；
- 乔·杰比亚；
- 特拉维斯·卡拉尼克与加勒特·坎普。

名单还可以继续列下去，随着每个月都有"独角兽"企业（价值超过10亿美元的私营企业）不断涌现，这个表单上的名字还将持续增加。

所有这些企业家都采取了简化的策略。其中一些人对此也很是坦诚。比如说，亨利·福特（Henry Ford）是如此评价具有革命性创新意义的T型车（Model T）的：

> 它最重要的特质就是简洁性……设计者将这款车设计得如此简单，所有人都能够充分理解它，这一点很合我心意。这是一箭双雕的做法，还能够推广到所有事物上。图纸越简单，就越容易制造，价格也就更便宜，因此你也就能销售更多。[1]

雷·克罗克（Ray Kroc）写下了麦当劳兄弟的创造：

> 一种完全不同的运营方式，一家在服务与菜单上精简到

极致的餐厅,一个将遍地开花的快餐店军团的模范……当然,对过程的精简让麦当劳能够专注于每一步骤的质量,而这就是秘诀所在。当我在1954年的那一天,看到这样的工作流程,感觉那简直就像被爱达荷土豆砸中脑袋的新时代牛顿。[2]

他说,他给麦当劳的首句箴言是KISS,意思是保持简单的、傻瓜式的工作流程(Keep it simple, stupid)。

史蒂夫·乔布斯将他的策略描述为"十分简单……我们的公司运营方式、产品设计、广告,最终都归结为:把它们变得简单,真正的简单"。[3]他的传记作者,沃尔特·艾萨克森(Walter Isaacson)笔下的乔布斯"通过减少按钮来使产品变得更简单,减少功能来使软件变得更简单,减少选项来使界面变得更简单。他对简单的热爱来自于禅修"。[4]乔纳森·伊夫(Jony Ive)是iPod以来每一件苹果产品的创造者,他反复向听众说明他的设计思路就是让产品尽可能简单、易于使用,即使设计过程本身就格外艰难。他强调让产品变得这样简单是十分困难的。他说,他的任务就是要"解决极其复杂的问题,并让解决方式看起来自然而然、简单至极,让你感觉不到简化的困难"。[5]

在这些线索的支持下,格雷格与我发现,之前还没有人意识到,简化正是那能够为客户、社会与股东创造巨大价值的产品与企业创新的关键。从我们祖辈、父辈到我们这一代,简化一直就是贯穿商业历史的一条看不见的脉络线。

但现在，这个秘密已经被解开！它应该能让成千上万的新创新者（也许你就是其中之一）为自己与他人创造出无与伦比的价值。所以，智力创新的进程又能够加速了！

不止这样，格雷格与我还有另一个发现。所有这些简化者，他们每一个人都采用了两种简化方式中的一种。所以，如果你想知道如何进行简化，我们的回答是你能够从两种同等可信与验证充分的方式中进行选择。

如何进行简化？

这两种简化方式截然不同，并且往往不可兼用。因此，就像我们将在多个案例中说明的，如果你想做到简化，你只能够选择其中一种方式。在进行反思与一些测试之后（我们会在之后详细解释它们），到底哪一种策略更适合你的企业、志向与市场机会将会变得明晰。之后，你就必须坚定地实施你所选中的策略。

策略本身很简单。

第一种我们称之为价格简化（price-simplifying）。它的做法是将产品或者服务的价格减半，甚至更多。有时，价格在几年之内就会降低90%。从表面上看来，听着不太切实际，但我们会给你展示大量实例。更廉价的新产品或服务与昂贵的旧产品不尽相同，但它具备了同样的基本功能。举个例子，没有人会认为乘坐廉价航空能享受到与乘坐正价航空一样的全面服务，但廉价航空仍然能够将你快速安全地送到目的地。并且，正如我们将要解释的那样，将价格减少 50%～90% 往往并不是要提供劣质产品，而是要以完全不同的新方式来组织产品的配送过程，使其载量更大、效率更高，并且常常还会吸纳客户本身来做一些工作！

简单来说，价格简化之所以能起效，是因为大规模的减价通常会带动市场规模呈指数形式增长。如果价格减少一半，需求量不是简单的加倍，而是以 5 倍、10 倍、100 倍、1,000 倍甚至更高的倍数增长。如果价格降到原价的五分之一或十分之一，需求量也许会达到原来的 10,000 倍或是 10 万倍。有时候，倍数可能要以百万来衡量——看看麦当劳在汉堡市场的壮举。

然而，只有当你可以让产品制作过程变得简单，从而将成本减少至少一半时，价格简化才会有意义。

当然，降低成本与价格减半并不容易，更别说将它们降到原来的十分之一了。但是，可靠的模板确实存在。更棒的是，在每个行业与每个地区，它都同样有效。价格简化不仅包括对产品的重新设计，还包括对一个行业的组织形式的改变，用专业术语来讲，就是商务系统再设计。要颠覆一个行业是困难的，但是，就像我们的研究中几乎所有案例所展示得那样，要变革一个行业，仍然有一种靠谱的方法。

第二个策略与价格简化截然不同，但同样有效，我们称之为命题简化（proposition-simplifying）。这意味着创造一种像是 iPad（或是过去 10 年间苹果所开发的任何产品）、韦士柏小摩托、谷歌搜索引擎或优步打车软件这样有用、有吸引力并且使用方便的产品。命题简化的产品往往也很美观。

命题简化在相同领域或是全领域中开拓了前所未有的巨大市场。比如说，在 iPad 之前没有平板电脑的市场。与价格简化不同，依据命题简化生产的商品并不会在价格上出现急剧下降，他们也许甚至会要价更高。但是，命题简化让产品或是服务更加易于使用，更加实用与更加美观，从而增加了产品的性价比与市场规模。当产品能够实现使用上的愉悦感，命题简化便真正有了效果。

就像价格简化一样，命题简化也有共通的公式，我们也将为你做出解释。

如果你就是个性急的人——性急在商业领域是个优点，想要直接跳到我们的结论，请自行翻到第四部分"简化的回报"，其中就列举了我们的研究，总结概括了我们最重要的发现。你可以先看这一部分，之后再阅读整本书。

当然，对于有耐心、喜欢遵照顺序的读者——耐心在商业领域同样也是个优点，我们建议你从第一部分"伟大的简化者"开始读起。这部分内容介绍了不少成功简化的杰出案例。

第二部分"如何简化"将帮助你确定两种简化策略的哪一种更适合你和你的公司，并分别为两种方式提供模板。

第三部分，我们给起了一个比较有耸动性的标题："拯救恐龙？"这一部分讲述了简化者对现有的市场领导者所造成的威胁，以及领先的企业该如何保持自己的地位。

第四部分"简化的回报"，着重于简化者在各自的领域，通过简化所得到的经济收益。这一观察是由独立于两位作者之外的一家精英级策略咨询公司所完成的。OC&C选择与分析了12个案例，每种简化策略各6个。格雷格与我将解释为何这些公司能如此成功，以及这些案例彼此之间的相同或是不同之处。

现在就让我们开始简化吧！

目 录

前言一   001

前言二   005

大揭秘！   007

       秘密的脉络线   009

       如何进行简化？   013

第一部分　伟大的简化者   001

第 1 章　将出行大众化的人   003

       结　论   009

       关键点   010

第 2 章　坐巴士的亿万富翁   013

       为什么宜家可以这么便宜？   014

       宜家如何吸引顾客？   018

       结　论   021

       关键点   022

第 3 章　食品流水线	023
结　论	031
关键点	032

第 4 章　打败老大哥——1984 的真实故事	035
结　论	045
关键点	046

第 5 章　战略简化者	047
结　论	058
关键点	059

第 6 章　出租车，以及 APP 的美丽新世界	061
优步与便易出租车	062
声破天	071
爱彼迎	072
回到优步：结论	075
关键点	075

第 7 章　两种策略与它们的权衡取舍	077
给价格简化者的三条箴言	080
给命题简化者的两条箴言	081
做出明智的权衡取舍	082
良性取舍	084
伦敦动物园一游	086

第一部分的关键点 091
结 论 091

第二部分　如何简化 093

第 8 章　成为哪一种简化者？ 095

倾向测试 096
分数统计 105
市场间隙测试 106
钥匙测试 114
更好的技能测试 117
关键点 122

第 9 章　如何进行命题简化？ 123

第一步：使用便捷 125
第二步：更实用 130
第三步：更美观 133
价格简化或命题简化是免费服务吗？ 135
结 论 137
关键点 138

第 10 章　如何进行价格简化？Ⅰ：产品再设计 141

如何触发一场价格革命？ 145
产品再设计 148

第 11 章　如何进行价格简化？Ⅱ：商业系统再设计和规模扩大　155

　　重新设计商业系统，变革所处的行业　156

　　扩大规模　172

　　结　论　173

　　第 10 章与第 11 章的关键点　174

第三部分　拯救恐龙？　175

第 12 章　它们需要救助吗？　177

　　警告信号测试　181

　　关键点　183

第 13 章　强大公司的弱点：经理拒绝简化的 5 大糟糕理由　185

　　间接费用陷阱　186

　　相互替代陷阱　188

　　顾客陷阱　192

　　复杂性陷阱　194

　　技能陷阱　196

　　关键点　200

第 14 章　市场领导者怎样轻松简化？　201

　　与价格简化相对抗　202

　　与命题简化相对抗　208

　　对抗价格—命题简化者　210

收购命题简化者的价格下降了吗?	210
关键点	211

第四部分　简化的回报　　213

第 15 章　价格简化是否能带来回报?　　215

福　特	216
麦当劳	219
西南航空	221
宜　家	223
嘉信理财	225
本　田	227

第 16 章　命题简化是否能带来回报?　　231

亚马逊	231
谷　歌	237
苹果（iPod 时代）	239
安谋国际	242
利乐公司	243
波士顿咨询公司	245

第 17 章　简化的成功表现：一次考古发掘　　249

公司在市值增长方面表现如何?	249
公司在价值年增长率方面表现如何?	256

　　　　公司的表现比对手强多少？　　　　　　258

　　　　全行业简化　　　　　　　　　　　　　260

　　　　结　论　　　　　　　　　　　　　　　263

第 18 章　简化的界限、力量与荣光　　　　　　267

　　　　是否有切实可行的非简化策略？　　　　268

　　　　大局简化观　　　　　　　　　　　　　275

注　释　　　　　　　　　　　　　　　　　　　279

致　谢　　　　　　　　　　　　　　　　　　　293

第一部分
伟大的简化者

首先，我们将看一看我们的研究所揭示的一些简化的最佳例子。虽然近期就有很多伟大的简化案例，但我们也会展示不少数十年前的例子。有些人也许会质疑"古老的"商业历史的价值，但我们正想反问："哪里最有可能找到那些对世界产生深远影响的简化者呢？"诚然，有一些简化者是当今的，比如说苹果、谷歌、易贝、亚马逊以及我们相信不久之后也将入此殿堂的优步。但是，其他的案例，比如福特与麦当劳，都成立于很久之前。正如我们将看到的那样，最具价值的简化者，往往以高增长的业绩表现证明了自己，并且在数十年的时间中保持在前列。他们的成功之道被更新的简化者所效仿，并且你也可以效仿。

第1章

将出行大众化的人

> 对于做生意而言,平凡之道绝非最佳之道。
>
> ——亨利·福特(Henry Ford)

这算是古老的历史吗?如今,身处商业领域的人没有几个还能够记得亨利·福特所引起的轰动,即使在商学院,他的例子也很少被提及。但是,我们将会看到,福特的故事对于今天有志向的企业家与经营者来说是宝贵的经验。

作为一名小有所成的实业家,45岁的亨利·福特勇敢地做出了重大决策,使世界为之震惊。这一决策不仅为他创造了巨大财富,也让他成为20世纪杰出的缔造者和世界上最著名、最具影响力的人物之一。

他决定简化汽车,使汽车大众化。

福特在他的个人传记中回想了这一转折点：

> 我试图强调的是，对于做生意而言，平凡之道绝非最佳之道。这个转折点，是我完全抛弃平凡之道的开始。公司的非凡成就，正是始于此处。
>
> 我们始终谨遵行业惯例。我们的汽车比别人的都要来得简单，我们不用担心外部资金。但除了这两点之外，我们和其他汽车公司并没有什么本质上的不同。[1]

当福特迎来灵光一闪的时候，面临着制造汽车的数百家竞争企业。它们的背景与行为大抵相同：都有工程师，几乎都有产品设计师，都是汽车热衷者，将车辆推入新市场，热切地期待着最后赢家，一天都只能生产几辆车。它们将产品卖给同样类型的顾客——也是那个时代唯一的汽车市场。这些顾客都是富有而悠闲的绅士，往往都是"汽车迷"，对于驾驶与养护他们的"美丽野兽"非常娴熟。福特尽管并非市场领导者，却是最大的制造商之一，每天大约能生产5辆汽车。

但是，无论亨利·福特在1908年时看起来是如何平凡，他本人和他的观点一直以来就有奇特之处。"从第一辆车出现在街道上的那一天开始，我就意识到这是一种必需品。"[2]他这样写道。在当时看来，这是一个奇怪的看法，因为那时一辆车的造价远高于一个熟练工人的年薪收入。但福特是一个执拗的人。尽管整个行业都在为富人提

供"享乐式汽车",福特仍持有一种完全不同的洞察力。他的话让销售员们惊惧不已:

> 我将制造一种面向大众的汽车。大小足够家庭使用,同时个人也能够驾驶和养护它。它将按照现代工艺所能做到的最简洁的设计,由最好的雇员以最好的材料来制造。但它的价格又是如此低廉,所有拥有得体收入的人都能负担得起,可以与他的家庭在上帝赋予的广阔空间共享愉悦幸福的时光。[3]

这一视角,让他"致力于一个目标,那就是一种能够满足大众需求的汽车……年复一年,压力自始至终来自不断降低价格的同时要持续提高与改进以及做得更好"。[4]

使汽车大众化的念头启发了福特。他洞察力的伟大之处在于,他意识到价格是关键。他相信,如果能够以足够低的价格制造汽车,他就能卖出很多。他也有一些支持数据:在 1905 年至 1906 年,福特制造了两种车型,一种价格是 1,000 美元,另一种则是 2,000 美元。公司在那一年共卖出了 1,599 辆车。在下一年,他对这两种车型进行了简化,并大幅削减了价格:"惊人的是,我最便宜的车是 600 美元,最贵的车也仅仅只需 750 美元,正是如此,我们恰恰完全看到了价格到底意味着什么。我们卖出了 8,423 辆车,是我们之前最好年销量的 5 倍之多。"[5]

意识到价格也许就是扩大销量的关键固然很好,但福特是如何做到将价格降到足够开拓新的大众市场的低点的呢？他最初的主意，是重新设计产品，只创造一种标准化的简单的型号：

> 因此，在1909年，我在一个早晨毫无预兆地宣布，在未来我们将只制造一种型号，我将它命名为"T型"，所有车的底盘都是完全相同……[6]
>
> 新型号最重要的特征……就是它的简洁。车内只会有4个结构组件：动力装置、车架、前轴和后轴……作为设计者的我决定，要让这一车型简单到足以让所有人都能理解它。
>
> 这一做法一箭双雕，对任何事都适用。文章越简单，就越容易被写就；汽车价格越便宜，就能够卖得越多。[7]

因此，在超过10年的时间里，在变化与其他选择甚少的情况下，通过只制造一种产品，福特大幅地降低了成本。

他同样特别注意了制造车辆的材料。比如说，他首次使用了钒钢，这种来自法国的发明轻而强韧，对顾客来说十分理想。最初需要解决的困难是：没有任何一家美国钢材制造商能够生产这一材料。于是，福特在俄亥俄坎顿建立了一家小公司，自己承担了早期试验的全部费用。正如他所说的："第一次试验失败了，只有非常少量的钒残留在钢材中。我让他们又试了一次，第二次试验成功了。"[8] 新材料的抗拉强度达到了170,000，是普通美国钢材的260%。钒钢削减了福特的车辆的大部分重量，减少了燃油消耗量，却比传统材料成本更低。

福特低价车的另一支柱是一个全新的生产系统，它致力于大批量、低成本地制造车辆。他在靠近底特律的高地公园一块大至 60 英亩的土地上，建造了世界上最大的汽车制造工厂，它也是世界上最大的工厂。它于 1910 年的元旦启用，生产力的提高也被记录了下来："对比 1908 年与 1911 年……平均雇员数量从 1,908 名上升至 4,110 名，制造的车辆从刚过 6,000 升至将近 35,000。你会注意到，雇员数量与产出之间令人惊异的比例。"[9]

然而，尽管福特成功地在仅仅 3 年内使人均汽车生产量提高了近 3 倍，并且使生产成本低于任何一个竞争对手，但是效率的绝对水准依旧很低。真正的突破来源于自主创新，这是由他的生产经理所设计的：从批量生产转为持续移动的组装流水线。直到 1913 年这一计划才开始实行，也正是从那时开始，福特坚持将所有的车都漆成黑色，因为只有日本黑漆干燥的速度能够赶上流水作业的速度。

简化与规模所产生的效果就是 1914 年之前 T 型车的价格降到了 550 美元，当年的销量达到 248,307 辆。到 1917 年，价格甚至更低，只有 360 美元，而销售量则猛增至 785,432 辆。到 1920 年，T 型号的销量达到 125 万辆，福特汽车的销售量增长了 67 倍。和 1909 年相比，价格则下降了 63%，差不多是初号 T 型车价格的三分之一，而即使是初号 T 型车的初价格也比它的对手便宜五分之一。

和福特在 1905 至 1906 年（即简化策略开始的前一年）的销量相比，1920 年的销量增长了 781 倍。简化使得福特的汽车更易制造、造价更低。降价对于刺激整个市场以及提高福特的市场份额而言影响巨大。到 1920 年，福特的份额激增至 56%，这是排名第二、拥有五个不同的汽车品牌的通用汽车的将近 3 倍。无论是绝对还是相对于销量和所用资本，福特在那时都是世界上盈利水平最高的汽车公司。

即使是亨利·福特本人，也讶异于低价格带来的需求量。价格降至原价的 35%~40%，销量暴增增超 700 倍。我们将在本书中看到这一模式的重复出现，真正大幅度的降价对于销量的影响总是被严重低估。降价与需求增长之间的关系并不是对称的。如果你将价格降低一半或是更多，需求量会以指数形式增长，往往是数十、数百或是数千倍的增长。这正是我们最重要的发现之一。大幅度降低成本是世间最为有力的经济力量之一。

亨利·福特是我们的第一位价格简化者。他的首要目标是极大幅度地降低汽车价格，降至原先价格的一半以下。他的例子完美地阐释了成本与价格降低并不是一次性到位的事，而是依托于数个巨大创新与大量小创新的一个逐渐持续的过程。在福特的案例里，巨大创新便是简化的汽车型号、标准化型号和移动的流水线。价格不必一下子就降到一半，相反，我们可以创造一个良性循环，即最初的降价开拓更大的市场与更高的市场份额，再通过更大的规模进一步降低成本与价格，进而获得更大的需求量。然而，最关键的是坚定承诺去实现可能范围内的最低成本与价格。

虽然福特在简化过程中的主要目标始终是降低成本，但他同时也实现了其他两个目标，一个是实用性更强的车辆（即更高的使用性能），另一个是更易驾驶与养护（即更方便使用）。T 型车更加好用的原因之一，是它使用了一种全新的、和之前相比更强韧又更轻便的钢材。于是，福特的汽车便比它的竞争对手更加耐用与经济，因为车重越大，消耗的燃料就越多。他的汽车设计理念是"操作简便，因为大众并非机械工"[10]，他引入了一种"行星齿轮变速器"，使得齿轮便于更换，车辆易于操控。于是便有了"任何人都能够驾驶福特车"这一标语。因为车辆被简化为四个方便检修的结构单位（即动力装置、车架、前轴与后轴），所以修理或是更换出问题的部分并不需要特殊的技能。

所有这些设计上的变化将低成本、高效用与易使用结合在了一起。具体来说，福特的汽车更轻、使用与养护价格更低、更加结实耐用，以及更易驾驶、养护与维修了。

结 论

- 对亨利·福特本人来说，根据《福布斯》（*Forbes*）在 2008 年的估计，他拥有 1,880 亿美元的个人财富（以 2008 年的美元计算）。他将大部分都遗赠给了福特基金会。福特同时也对马克思主义给出了美国式的回答，即"福特主义"：大批量生产简单、设计精良、便宜的产品，同时也付给工人可观的工资。T 型车大获成功之后，福特受到了美国总统的礼遇。尽管毁誉不一，但他甚至影响了列宁、斯大林和希特勒的工业政策。

- 对于福特汽车公司，它历经经营不善（领导者包括亨利·福特他本人和他的儿子埃兹尔）却仍旧是强有力的品牌。这家企业已经有超过110年历史，目前市值590亿美元，相当于自1906年起每年市值以10个百分点的复合比率增长。[11]
- 为汽车创造了一个巨大的世界大众市场。
- 个人机动给大多数人带来了更大的自由，这在之前只被少数特权阶级享有。
- 本书将会谈到的其他一些伟大的简化者，福特是他们的先驱，因为其他简化者正是以他的方式为基础。

关 键 点

1. 创造巨大新市场的方法之一就是简化你的产品，使得它更易制造，成本更低，售价更低，也因此更好销售。在此新市场中有着完全不同的客户，他们只能够或只愿意支付相当低廉的价格。

2. 要进行价格简化，你需要将价格降低至少一半。这并不需要毕其功于一役，但你要逐年降低成本与价格，降价幅度约在每年10%。

3. 从福特学到以下几点：

- 从首要原则开始，重新设计你的产品，减去那些不必要或花费过多的部分。
- 减少生产线的种类，可能的话，对单一"通用产品"实行标准化。

- 减少组成部分的数量。
- 除去多余的装饰和不必要的选项。
- 使用与众不同的、新型的、更轻便、更便宜的材料。
- 使用比你的竞争对手大得多的生产设备,大批量生产。
- 管理任务,使得工作人员的专业性得到最大限度发挥。
- 使任务自动化。

4. 如果你是一名价格简化者,降低价格便是首要目标。但是,正如福特一样,在不增加额外成本情况下,你也需要提高产品的质量、效用和使用便捷性。

第 2 章

坐巴士的亿万富翁

用简单的手段达成最好结果。

——英瓦尔·坎普拉德（Ingvar Kamprad）

英瓦尔·坎普拉德为无数的房间配备了家具。他白手起家，如今他的公司市值已超过 400 亿美元。他能做到这一切靠的正是简化。

英瓦尔·坎普拉德创办宜家时只有 17 岁，创办之初的宜家是一家邮购公司。5 年之后，他开始售卖家具。故事是这样开始的，有一天他无法将一张桌子放进车里，一个朋友建议他把桌子腿拆下来。坎普拉德立刻就有了将家具平整包装的主意。[1] 他意识到，桌子的价格中有一半是运输成本。所以，如果他能够说服顾客，通过便于组装的设计和提供清晰明确的指导，让他们自己完成最后的组装，他就能够将成本降低一半。这可是真正的福至心灵。

公司的目标，是以低价售卖时髦现代的家具。1976年，坎普拉德写了《家具商的圣约》(*The Testament of a Furniture Dealer*)一书，成为他公司的圣经。[2] 这本书强调，简化让宜家得以用竞争对手不可比拟的惊人低价提供家具产品。是的，宜家的产品看起来不错；是的，它们应该尽可能的时髦；是的，宜家很大程度上继承了瑞典产品质量一般的传统。要知道，宜家的创立来自一个念头，即它的产品价格应该是同类家具或家饰的一半，最好只是三分之一。比如说，在1996年，宜家想要把一种马克杯定价为5克朗（大概是40便士或55美分）。其中成本的大头是运输费用，于是宜家找到了一种方式，能将864个杯子放在仅仅一个货盘上。即使这样，成本还是被认为太高，因此他们重新设计了杯子，使得每个货盘能够放下1,280个。最终，通过更进一步的重新设计，他们使得一个货盘上能够放置2,024个杯子，将航运成本降低了60%。[3]

宜家执着于目标价格和经济省钱，直接来源于他的创始者。直到今天，宜家的雇员仍会说起一件轶事，有一次坎普拉德去参加一个星光熠熠的宴会，领取年度商业人物的奖杯，保安看到他是坐公共汽车来的而拒绝他进入。[4]

为什么宜家可以这么便宜？

这一问题的答案主要和运输成本有关。商店出售一张桌子或是一个书柜，至少需要被运输两到三次：从工厂到仓库，再从仓库到商店，然后从商店到顾客家里。宜家削减了大部分成本。通常宜家的商品只需运输一次，即从生产商到商店。因为商品都是平整包装的，它们比事先组装好的家具在储存和运输上更便利、更便宜。当然，这样的话，必须有人将产品送到顾客家里进行组装。这个人就是顾客本人！我们很快就会说到，为何顾客乐于自己完成组装。

但是，首先我们要看看，宜家为了让价格如此具有吸引力还做了别的什么。如果宜家只是平整包装家具，那么它将很容易被模仿。实际上，现在有很多其他店铺出售平整包装的家具，但还没有任何对手能够赶上宜家的规模、成就和廉价。这又是为何呢？

部分原因在于宜家在城市边缘建造的巨型仓库。在宜家进入的国家中，它建造的这些仓库都要比竞争对手的仓库大得多。另一部分的原因是宜家管理商店的方式。从成立开始，宜家的店铺面积就非常大，并且以一种新颖的方式吸引顾客在商品中徜徉，宜家美其名曰"蜿蜒的自然之路"。这包括连续地前进，就像是在主题公园一样，逆时针围绕着店铺。店里有许多产品类别，但每一类别的产品相对较少。不同于咨询销售人员，顾客必须求助于清晰的指示标、海报标牌和设计精良、批量印刷的商品目录，自己挑选。然后，将自己购买的物品放在购物车或购物袋内，到收银台结账，自己运回家。

因此，宜家为它自己和顾客带来了在运输成本节省之外的5项额外的成本收益：

- 一站式购物。宜家拥有几乎所有家居装饰品类，从寝具和靠垫到艺术作品。这对于顾客来说十分方便，也提高了销售量。
- 尽管空间大，但每家店的销售额都很高，同时因为选址在城市中心之外，建筑成本较低。
- 销售人员的人力成本低，因为店里销售人员很少。
- 通过限制每一品类的库存，实现库存商品的高销量。马克杯也许很便宜，性价比颇高，但就别指望有很多选择了。
- 通过先在少数店铺测试新设计，宜家能够知道哪些生产线能够盈利，哪些不能，因此它不会大量订购那些卖不出去或是必须打折出售（在家具销售中的一个棘手问题）的商品。

然而，这还不是全部。宜家简化系统的核心是一种完全不同的、整合行业的新方式。宜家是一个零售商，但它也自己设计大部分家具产品，并且非常仔细地挑选合作的生产商，给它们的订单数量庞大，种类却非常少。这使得家具制造商的成本锐减，也提升了宜家的议价能力。生产商成为宜家系统的一部分。

比起生产和出售家具的传统模式，包罗万象的宜家系统更加简单，也更加高效。传统模式包含了很多小型家具制造商，它们将产品卖给小型零售商，但是要把产品运输至商店是一个难点，有时是生产商用自己的小型运输系统来运输，更多的时候都是外包给并非家具专家的第三方物流公司。在宜家出现之前，家具行业一片混乱，生产、销售与配送这三个过程既复杂又内耗严重，配合也十分不善。

英瓦尔·坎普拉德逐渐重塑了整个行业，就如同亨利·福特对汽车行业所做的那样。他们两位都发展出了新的商业系统，通过让他们的行业更加高效，让顾客能够获益更多，包括更低的价格和更高的性价比。汽车与家具虽然是十分不同的产品，但福特与坎普拉德的所作所为却有相似之处。如果有机会重塑你自己的行业，你也可以模仿这些行为：

- 简单的产品设计，剔除不必要的成本开支。
- 每一品类只提供有限的产品选择，因此每一条产品线的产品都能够制造更多，销售更多，从而使得仓储成本大幅减少。
- 更大的规模。
- 在生产与配送的每一环节，大量降低成本。在福特的例子里，是通过流水线实现的，而坎普拉德则是在他的商店内引入了与流水线有同样功能的系统，让顾客在店内和家里完成"组装"的大部分工作。
- 福特与坎普拉德的系统的魅力之处在于它们是专属的，无论对于他们自己的企业还是竞争对手而言都很特别。当福特建造了世界上最大的工厂，市场就再没有其他空间让其他人有样学样。当坎普拉德建立了宜家，就再没有人能复制他的系统，因为不论是当地市场还是总体市场都不再有容纳的空间。如果他行动没有那么快，有一个模仿者成功地通过构造一个相似却更加庞大的系统来胜过宜家，坎普拉德的公司也许就会失败。但没有人做到这点。他的新商业系统的魅力就是所有一切都整合在了一起。当竞争对手们真正理解它的运作方式时，要模仿就已经太晚了。

宜家如何吸引顾客？

没有顾客的帮助，宜家也不可能赚这么多钱。因此，它是怎样成功让顾客做了那么多困难工作的呢？顾客又是为何能够忍受这些工作的呢？

答案非常明显，就是非常低廉的价格，宜家的价格比传统系统的一半还低。这个答案虽然正确，但并不是全部。

如果价格是宜家唯一的诱人之处，它就不会有这么多顾客了。如果你到宜家店里走走，就会发现，不只有手头紧巴巴的学生和年轻的新婚夫妇，也有许多穿着考究的人。你甚至不需要走进店里，在停车场逛逛，就会看到不少的沃尔沃、保时捷和宝马，更不必说零星的宾利和捷豹。但是，你也许要走进店铺才能知道究竟为什么。如果你观察购物者的购物经历，你很快就会意识到，尽管宜家需要它的顾客做很多工作，但它同时也回馈了很多，也就是很多你在传统家具店内无法体验的便利。

通过提供一站式解决方案，宜家提高了产品和购物体验的实用性。在宜家购物可以当作全家出游，那里有针对孩子的托儿所和游玩区域，以及便宜的餐厅。在周末和节假日，还有为孩子安排的免费娱乐表演。

其次，便是蕴含在商品中的艺术气息。我们将艺术定义为不具有实际经济用途，但是在感情上动人或吸引人的任何事物。宜家的商品设计精良，时髦新颖，正符合这一定义。

宜家同时也提升了对于顾客而言的使用便捷性。宜家商店很容易找到，因为它有巨大的黄色与蓝色的标牌，同时宜家还有足够大的免费停车区域。另外，很多产品都直接存放在店内而不是别处。绝大部分商品能够立即付款带走，无须等待送货。

对于许多顾客来说，除去低廉的价格，以上这些在宜家购物能够享有的便利，抵消甚至是补偿了所有不便（主要是宜家系统所需的时间与精力）。但这正是英瓦尔·坎普拉德的高明之处。如果你仔细查看这些非价格优势，你会注意到一点共性：要么成本很低，要么能够为宜家带来额外收益。请一些玩杂耍的人或魔术师在人群中表演，平摊下来成本并不高，但如果他们吸引了更多家庭，这些家庭的消费足以抵消这样的成本费用。餐厅也能够盈利。如果托儿所让一对年轻的夫妇在商店里多逛了逛，最终他们很可能就会买下更多东西。好的设计与差的设计其实成本相差无几。引导标识就像是一种便宜的广告，通常在宜家附近的高速公路或是主干道上就能够看到。建造宜家商店的地皮往往很便宜，周边通常都没有其他商店，从而使得停车场成本也不高。店内库存不少，但因为客流量大，因此货品周转率实际上比传统商店要高。

就在为顾客提供这些低成本（或者说是高收益）便利的同时，宜家选择故意不去提供某些特定的、往往是高成本的行业服务。比如说，如果宜家有许多薪水颇高的销售人员在店内四处游走，那人力成本将会大幅侵蚀利润。如果家具不是由顾客自己组装的，它的成本将会翻倍。英瓦尔·坎普拉德的关键原则之一，就是"用简单的手段达成最好的结果……只有在了解成本之后，我们才会对某种方式真正有兴趣"。[5]

像福特一样，坎普拉德也是一名价格简化者。在价格简化中的一个共同策略就是减少某些成本高昂的服务，以更多低成本（更理想的是带来收益）的服务取而代之。正如我们所看到的，这正是宜家的做法。

首要目标是通过提供"便宜"或"免费"的便利吸引更多顾客的同时，降低价格。这些便利可以被归类为使用便捷性、更高的实用性以及艺术性。这些策略为所有简化者提供了一个模板，让他们能够为顾客们设想出便宜或是免费的便利。简化者的宝库内其他的强有力的武器包括独创性、规模、从顾客角度看生意（宜家正精于此道）、顾客细分（谨慎选择目标市场，了解这一范围内与范围外的人群），以及始终坚持砍掉任何会带来额外成本或是使商业系统变得复杂的非关键特征。

然而，从长期来看，对于一家简化公司的新系统而言，最大的考验就是它是否能被竞争对手模仿或改善。如果这个新的商业系统足够大胆，如果它抛弃了顾客愿意以大幅度降低的价格来交换的传统利益，如果它提供了其他便宜而新颖的便利，那么它被模仿或是压制的风险就会大大降低。市场份额是阻挡这一风险的最终壁垒。就像宜家，如果你能够赢取相关市场（在宜家的案例中，这一市场是自组装家具）的一半份额，并且是任何对手的十倍规模，你的地位就有了保证，除非有哪个对手找到了不同的方式使价格又下降一半。以宜家的例子来看，这几乎不太可能。

结　论

- 宜家创造了平整包装家具的市场，并且为数以千万计的顾客提供了优雅、低价的家具。
- 宜家是世界上最大的家具零售商，年销售额大约在290亿欧元。在它的核心欧洲市场，宜家的规模是第二名的将近10倍。
- 当整个行业的年增长率为2%时，宜家的年增长率为14%。
- 宜家盈利水平很高，它的营业净利润超过了15%，是行业其他成员的两倍以上，我们估计宜家市值有470亿美元。

关 键 点

1. 宜家证明了，只要有丰富的想象力和正确的行事方式，价格可以降到原来的一半以下，在宜家的例子里，这个比例大概是 50%～80%。

2. 英瓦尔·坎普拉德创建了一个新的商业系统，它包括家具的自组装、时髦的产品设计、巨大的商店、每一生产线的庞大销量和对纳入宜家系统的第三方制造商的控制。你能够为你所处的行业想到一个新的商业系统，使你能够将价格减少 50% 以上吗？

3. 宜家将它的顾客吸纳入了生产与销售系统，说服他们做很大一部分工作。再次，在你的行业中有与之类似的状况吗？或是今后可能会出现这样的状况吗？

4. 顾客愿意买账，不只是因为超低的价格，也因为宜家提供了其他销售商没做到的更多便利和购物体验。你的企业是否能够为顾客提供一些成本不高，甚至可能带来收益的便利呢？

5. 宜家的系统目前看来无法攻破，因为它的市场份额和超高的销售水平让模仿者们望尘莫及。然而，如果当时有一个思维敏捷的对手动作足够快，模仿了宜家的系统并将其在瑞典之外实施，宜家的成功就不会是必然。因此，如果你发现了一种有效的价格简化方式，一定要抢在本地对手有机会复制它之前，将它推广到全世界。

第 3 章

食品流水线

> 设计师明白,无法再增加内容并不是完美,只有当他无法再删减内容时,他才达到了完美。
> ——安东尼·德·圣埃克絮佩里(Antoine de Saint-Exupery)[1]

麦当劳这个金灿灿的品牌由三个男人所打造。它在全球被人熟识,有人喜爱,也有人厌恶。恰恰是因为相同的原因,简化对于服务行业的产品同样有效。

1954年的一天,一位身体不适的52岁男人从芝加哥飞往洛杉矶。第二天一大早,他驱车60英里前往莫哈韦沙漠。他的目的地是坐落于一个小镇角落的一座小小的八角形建筑。这位异乡人对这样简陋的建筑没有什么想法,甚至与他听到的传闻并不相符。

快到11点时,工作人员开始陆续出现,他们身穿整洁的白色衬衣、利落的长裤，戴着纸帽子。这些都让这位异乡人感到欣喜。工作人员将装满食物与饮品的小车推进建筑内，他们的工作节奏非常快，让异乡人想到了在野餐会旁那些熙熙攘攘的蚂蚁。不久，来就餐的车辆也开始抵达，停车场很快就满了，来到窗口的顾客甚至排起长队。

这位观察者被这样的场景深深触动了，但他依然心存疑虑。他排进了队伍，排在前面的人皮肤黝黑，但穿着讲究的皱条纹薄织套装，他搭话道："呐，这里到底有什么吸引人的？"

"没来这吃过吧？"

"从来没有。"

"那很快你就知道了。只需要15美分，你就能吃上最好的汉堡。还不用和要小费的服务员纠缠。"

异乡人离开了队伍，走到了角落。在那里，他发现了几个工人坐在阴影里啃着汉堡。他走近一个穿着木工围裙的男人，询问他来这里吃午饭的频率有多高。

"每天都来，"他一边吃着汉堡一边说，"这可比老妇人卖得冷冰冰的烘肉三明治要好多了。"[2]

这位异乡人就是雷·克罗克，一位固执的饮料机销售员。在午餐高峰过后，他向这家免下车餐馆的老板们——麦克·麦当劳（Mac McDonald）与迪克·麦当劳（Dick McDonald）介绍了自己，并与他们相约共进晚餐。

麦当劳兄弟在晚上简要介绍他们的系统，而克罗克被这一系统的简洁与高效迷住了。菜单被严格控制在 9 种品类以内，这其中还包括饮品。食物由牛肉汉堡或芝士汉堡与炸薯条组成，每一份汉堡都是完全相同的，用十分之一磅牛肉以相同的方式制作。一家咖啡厅的汉堡往往要 30 美分，但在麦当劳，只需 15 美分，芝士汉堡也只需再多花 4 美分。最吸引人的还是炸薯条，一袋 3 盎司的薯条只需 10 美分。菜单上的其他菜品还有 5 美分一杯的咖啡，10 美分一杯的软饮和 20 美分一大杯的奶昔。这就是全部产品了。

克罗克追踪了这个起源于圣贝纳迪诺，伟大却暂时无人知晓的成功故事。这对兄弟在 1948 年就开始了自己的生意，他们将自己正在经营的烧烤餐厅改成他们称之为"快速服务线"的灵活流水线。当时，最典型的畅销餐厅是那种提供百种菜品的家庭咖啡店。这对兄弟的 9 菜品菜单从未改变过。食物也一直以相同的自动化方式烹饪和供应，顾客点餐后立刻就能取餐，并且到手还是热腾腾的。顾客在点餐时就结账，吃完后也自行收拾。

所有食物都很不错，尤其是薯条。但克罗克强调，最主要的吸引力还是价格。在麦当劳吃一餐的价格是咖啡店的一半。迪克·麦当劳和麦克·麦当劳是如何做到这一点的呢？

就像亨利·福特与英瓦尔·坎普拉德一样，他们以减为增。通过减少菜单上的种类，使得采购原料、运营餐厅、烹调与提供食物变得更加简单。通过简化和自动化整个流程、说服顾客参与，流水线生产食物，他们减少了服务员的人数，并且把每一次服务的人工成本降到很低，只有普通咖啡厅的一小部分。接待人数的水平也同样让人吃惊。雷·克罗克光顾的这家小小餐馆，每年的销售额都超过了40万美元（相当于现在的400万美元），比现今任何一家规模更大的麦当劳餐厅都要高。[3]

通过大量采购牛肉与其他原料，麦当劳形成了一个良性的循环，价格更低的汉堡，促进了人们需求的增长，进一步增强了麦当劳的购买力和覆盖间接成本的能力，从而使得汉堡的价格继续降低，并且还能同时保持更高的利润。即使在它规模尚小，只有几家分店时，麦当劳就拥有了很强的购买力，使得它能够降低成本。这些麦当劳餐馆只需要购买不到40种原料来制作它的9种菜品，不像当时的那些咖啡店，需要购买超过百种的原材料来备齐菜单上的大量菜品。也因为这样，尽管销售额并没比本地咖啡店高多少，但每一家麦当劳餐厅在小圆面包、番茄酱、芥末和其他一些原料上有强得多的集中购买力。[4]

当目睹这一切时，克罗克意识到了这就是一种能够赚大钱的机制。他同时意识到，要实现更低的成本与价格，就要扩大运营规模，同时保持它原有的简洁。在第一天和麦当劳兄弟一起吃晚饭时，他告诉这对兄弟，在他向全美的饭店和免下车餐厅售卖奶昔机的这一大段时间，他还未曾见过能与他们这一系统相匹敌的东西。他问这对兄弟，为什么他们还没建立更多分店，然而回答他的是沉默。"我感觉我像是把领带掉进了汤里还是怎样，两兄弟只是坐在那里看着我。"[5]

最终，麦克转身指向饭店背后的一座小山。那儿有一座大大的白色房屋，有着高大美丽的门廊，在那里麦当劳兄弟能欣赏日落。他们热爱此处的平和与安静，并不想有扩张事业的麻烦。他们对现状十分满意。

克罗克无法理解。他觉得这对兄弟正坐在一座金矿上。如果现在坐在上面的是他，做法绝对会不一样……

麦当劳兄弟在遇见克罗克之前已经做到了什么呢？他们已经发明了一种产品，并证实了其潜力。他们重新定义了餐馆，证实了快餐的简洁也具有经济性。对顾客而言，它很实惠，它的吸引力也已经基本都成形。正如福特与宜家一样，它最大的诱人之处在于大幅降低的价格。悬挂在第一家麦当劳餐厅外的第一幅巨大招牌写着："麦当劳著名汉堡——拿袋子来买吧！"这句话被左右两个大写的15美分框在中间。[6]

除此之外，还有其他附加利益（同样，正如福特与宜家）：

1. 实用性
- 高品质的食物。正如雷·克罗克所说："生产过程的简单，让麦当劳能够专注于每一个步骤的质量保证。这正是秘诀。"[7]
- 连续性与可靠性——一以贯之的相同产品。

2. 艺术性
- 利落的雇员，整洁制服。
- 金色拱门标识。

- 整洁的店面，肉眼可见的卫生状况。
- 麦当劳的名声，以及"M"标牌。

3. 使用便捷性
- 快速的服务。
- 无须小费。

麦当劳兄弟还分别在加利福尼亚和亚利桑那注册了 8 家与 2 家店，但这些店并没有采用圣贝纳迪诺店的简化方式。根据雷·克罗克所说，"这对兄弟"在圣贝纳迪诺的这家店，是唯一一家"真正"的"麦当劳"店。其他门店在菜单中掺杂了比萨、墨西哥卷饼、玉米卷饼之类的东西。在很多店里，汉堡的质量并不能得到保障，因为肉里会掺杂切碎的心肺，而加入的高脂肪原料让它变得油腻。"[8]

克罗克有了开一大批"真正"的麦当劳连锁店的愿景。他和麦当劳兄弟谈了一笔生意，从而获得了新分店的经销权。1961 年，他以 270 万美元（相当于现在的 2,100 万美元）的价格买下了整个公司。

然后，他着手将麦当劳变成一家大型连锁店。他创造了一种通用的高品质的产品，制造了一种没有偏差的统一系统，能够在保持完全控制和一致性的情况下，还简单到被数以千计的企业家加盟使用。在他简短的回忆录里，有足足 12 页描写了麦当劳炸薯条的魅力，他宣称竞争对手的薯条与麦当劳相比，根本不在一个档次。无论是在麦当劳兄弟手下，还是在他管理下，虽然规模变大了，但是他们都是带着一种宗教情怀在准备薯条的。

  最初，将炸薯条提升至工业规模是克罗克面临的最大的挑战之一。他描述了他在 1955 年的沮丧。那时，他在伊利诺伊州的德斯普兰斯开设了第一家特许经销店，却无法重现麦当劳兄弟的薯条的味道。他说，他的薯条和别的餐馆的也许差不多，但却远远比不上加利福尼亚的麦当劳薯条。在极度沮丧之下，他联系了麦当劳兄弟，但他们也不知道究竟哪里出了错。直到一名土豆与洋葱协会的研究人员让克罗克仔细描述圣贝纳迪诺的薯条的制作步骤，他才知道突破口。原来，秘密就在于圣贝纳迪诺的土豆被储存在开口的细铁丝网罩箱中，这样也就有时间让土豆在风中干燥，将糖分转化为淀粉。在听取了土豆专家的建议后，克罗克安装了一台巨大的电扇创造出自然风干过程。这正是关键所在！做出来的薯条味道完全和原始餐厅里的一样，而同样的方法也可以被复制到所有新分店中。[9]

  克罗克还描述了他是如何创建了一个能够为顾客与其他连锁店带来品质稳定性的独家系统：

- 始终如一的菜单，不允许有任何变化。使用相同的方式来达到相同的食物品质。[10]
- 光洁干净的卫生间、餐厅与停车场。整洁、品质、服务与价值，正是克罗克所强调的四条原则。[11]
- 不配备付费电话、自动点唱机或自动售货机。
- 建立"汉堡大学"，用于培训连锁经销商和员工。

- 通过提供一个合适的开业地点和金融服务，为经销商备好了一个简单的产品。
- 用少量的产品线，帮助最好的供应商服务大量的麦当劳餐厅，帮助它们削减成本，比如说大批量包装，在每一站点运送更多东西，依次保持良好的经济效益。[12]

就像福特和克罗克一样，写回忆录的商业人士都会运用这个机会来宣传他们产品的高质量。然而，很清楚的是，克罗克、福特和坎普拉德都意识到了他们的系统主要目标就是要以相当低廉的价格提供高品质的产品。在产品和过程不出现变化的情况下，运营规模越大，价格就越低。而价格越低，顾客满意度、销量、利润和公司价值就越高。克罗克使麦当劳的汉堡在 15 美分价格保持了 19 年，直到 1967 年，由约翰逊总统提出的"大社会"（Great Society）计划和越南战争带来的通胀迫使价格增加。他无奈地将价格涨到了 18 美分："如果从顾客角度看待这件事，正如我一样，因为顾客才是我们真正的老板，你就会意识到每一分钱的重要性。"[13] 这是每一位价格简化者的信条。

谁创造了更大的价值——是麦当劳兄弟还是雷·克罗克？答案取决于你看待事物的角度。从财务上看，克罗克做得更多。但是，我们也可以说是麦当劳兄弟创造了这种产品、方案、品牌、价格和系统。从 1961 年以来，他们的这一模板几乎没有什么变化。然而，模仿往往总是比创造更具活力。当然，在这个案例中，模仿创造出了一个具有非凡价值的企业，并走向了全球。雷·克罗克效仿麦当劳兄弟的模板，增加了简单、统一、高品质的连锁模式，能做到这样的程度着实令人惊叹。

结　论

- 麦当劳是第一家创造出流水线操作的餐厅，它重塑了咖啡店让咖啡店成为只提供少量但完整的餐点的餐厅。麦当劳还让快餐店成为一种全球现象。它创造了一种新型的餐厅，一个新型的餐厅范本，它是包含了炸鸡、比萨和其他食物种类的快餐专营店，这些综合起来的成就甚至已经超过了麦当劳本身。

- 在1976年年末，麦当劳拥有4,177家餐厅。7年后，这个数字翻了一番，达到了将近8,000。雷·克罗克在1984年去世，那时他仍然在工作。如今，从巴拿马到俄罗斯再到新西兰，麦当劳在119个国家拥有35,000家餐厅，每天为6,800万名顾客提供服务。

- 在1976年，麦当劳公司（除去连锁经销商和分公司的销售额，只包含它们支付给麦当劳的付款）的收入超过了10亿美元，税后净利润超过了1亿美元。2014年，它的收入是281亿美元，净利润达到88亿美元。如今，这家公司市值935亿美元，是1961年雷·克罗克从麦当劳兄弟手中买下来时所花费用的 39,000 倍。相比之下，同期的标准普尔指数仅增长了 25 倍。因此，通过广泛运用迪克·麦当劳和麦克·麦当劳发明的配方，克罗克（以及他的继任者们）将麦当劳的价值提升了 900 亿美元。但是，如果这种配方没有获得传播，也就无法取得这样的成就。

关 键 点

1. 麦当劳是又一个价格简化的例子，精简与流水线操作大大降低了复杂性，使成本减少了一半。你能在一个从未进行自动化的行业或是服务中推行自动化操作吗？

2. 如果你在服务行业工作，要相信就像在生产制造领域一样，价格简化在服务或是零售部门也同样有效。

3. 由于价格降至一半和只赚取较低的利润，到 1948 年，人们对于快餐汉堡的需求在全世界范围内的扩张，到了令人难以想象的程度。你能想到现在还有哪个市场中，能够通过自动化和团结顾客与（或）连锁经销将价格降低至少一半，并且能够像那时的快餐市场一样爆炸式增长吗？

4. 再次强调，进行简化的公司创造了一个新型的、独家的专属商业系统，这与那些经营形式复杂的餐厅产生了完全不同的经济状况。如果你在考虑进行价格简化，你有多大的可能可以创造一个超越你所在的市场现存的任何系统且能带来大量利润的系统呢？

5. 麦当劳将更低廉的价格与更大的实用性（始终保持高品质的食物、给孩子们提供娱乐区域）、艺术性（尤其是金色拱门标识和立即就能被认出的品牌名称）和使用的便捷性（更快的服务速度）结合在了一起。想象一下，如果做到了这些，你所在的行业又可能会有什么相同的额外利益呢？

6. 麦当劳公式由它的两位创始人在微观层面创造出来。将它变成一股经济强力的是另一个人，他买下了这一系统，使它标准化，并将它复制到许许多多的连锁餐厅，规模之大是它的创始人无法想象的。因此，你可以找找看，有没有一个已有的微观却有潜力成为通用产品并推广至全球的简化系统。

第 4 章

打败老大哥
—— 1984 的真实故事

他减少按钮,让设备变得简单;减少功能,让软件变得简单;减少选项,让界面变得简单。他对简单的热爱源于他的禅修。

——沃尔特·艾萨克森

这是一个讲述改变了我们工作与娱乐方式的一个人和一部机器的故事。这个人扭曲时空、精简现实,坚持追求简洁,不断给顾客带来益处,终于化不可能为可能。

在第十八届超级碗比赛中,就在一次触地得分之后,赛场上的大屏幕出现了由《银翼杀手》(*Blade Runner*)的导演里德利·斯科特(Ridley Scott)拍摄的影像。在城市荒地上,一大群光头青年正聚精会神地注视着巨大屏幕上的老大哥。但之后,一名身穿印有"麦金塔"（Macintosh）字样的白色上衣的女运动员将紧跟身后的警察甩开，猛投出一柄大锤将屏幕打碎，摧毁了老大哥。"1月24日，"此时画外音说道："苹果公司将会推出麦金塔电脑。那时你就会明白，为什么乔治·奥威尔笔下的《1984》没有成真。"这则广告前所未有。

这一长达60秒的商业广告花费了75万美元，播出费用更是达到80万美元。但是，从效果来看，相当值得。美国主要的三家电视台当晚都对这一则广告进行了报道，从而带来了巨大的宣传效应。《广告时代》（Advertising Age）和《电视指南》（TV Guide）都将它选为史上最佳广告。

"老大哥"无疑是指IBM，它常常被戏称为"老大蓝"（Big Blue）。1983年10月，《商业周刊》（Business Week）撰文认为个人电脑的市场争夺战"已经结束，在令人惊叹的闪电战后，IBM在两年内占据了超过26%的市场份额。预计到1985年将增长至世界市场的50%，另外25%的市场，也将会是能兼容IBM系统的电脑"。[1]

1984年1月24日麦金塔电脑的公开发布会上，苹果公司的董事长史蒂夫·乔布斯直接出言攻击了IBM。在细数这家规模更大的公司的罪状、罪恶和不幸之后，他的发言进入了高潮："现在正是1984年。看起来IBM想要掌控一切……它正向着实现行业霸权的最后阻碍，也就是苹果公司，磨刀霍霍。老大蓝能统治整个电脑行业吗？它能统治整个信息时代吗？乔治·奥威尔是正确的吗？"[2]乔布斯的发言引来了记者与评论员的高喊与欢呼。随后又播放了那则著名的广告，发布会的观众长时间地起立鼓掌。这是一场戏剧化的发布会，而发布的这台机器也是一台具有特殊意义的机器。

成就"1984"的积蓄过程在20世纪70年代就开始了。微处理器让电脑速度更快、价格更便宜，使用也更方便，也正是在这时，电脑科技开始发生改变，简化的浪潮袭来。1975年，MITS公司开发的"牵牛星"成为第一台大批量生产的个人电脑装备。但是它比当时陆续出现的很多其他微型计算机要简单得多，也便宜得多，只要495美元，爱好者们就可以买到一堆零件，焊接到主板上，也有组装好的。可以说，这台最早的个人电脑非常原始。[3]

史蒂夫·沃兹尼亚克（Steve Wozniak）就是这些狂热爱好者中的一员；另一位则是他的朋友，史蒂夫·乔布斯。1975年，他们开始着手开发苹果1代，比"牵牛星"更进了一步，但仍旧是一台不起眼的机器。很快他们又研发了苹果2代，它要灵巧得多。第一台真正的组装电脑效仿了美膳雅（Cuisinart）的食品加工机，有一个造型简洁的环保塑料外壳。它拆掉盒子接上电源就能直接使用。它的简洁性让电脑第一次成为一种大众产品：不是极客也能够轻松使用。[4]

乔布斯的传记作者沃尔特·艾萨克森说，乔布斯"钟情于服务于大众生产的简洁明快的现代主义这一信念……他反复强调，苹果的产品应该是明快、简洁"。按照乔布斯自己的说法，"我们要让我们的产品明亮、纯净、具有真正的高技术……这就是我们的方式。简单……我们运营公司的方法，我们设计的产品和广告最终都归于一点：让一切变得简单，实现真正的简单"。[5]

然而，真正的突破并非苹果 2 代，而是源于帕洛阿尔托的施乐帕克研究中心的研究成果。乔布斯和他的团队在 1979 年末获准去参观，并对此行的见闻大为惊奇。在那个时候，所有的电脑都使用着命令行操作，这就需要使用者具备一些操作技巧，也没有用户友好的界面图像。但是，施乐的工程师们创造了"桌面"，在它上面可以同时存在多个文件与文件夹，分别以图标表示。要查看详细内容，只需要用一种被他们称之为"鼠标"的装置轻轻一点。看到这些的时候，乔布斯被完全迷住了。"就是这个！"他惊呼，"迷雾散去，我看到了计算机未来的发展方向。"[6]

发布于 1981 年的施乐之星（Xerox Star）包含了所有这些特征，这也是第一台被广泛认可的现代个人电脑。但施乐之星的零售价格为 16,595 美元，只卖出了 30,000 台。如果想触发革命，施乐之星还需要简化。[7]

在 1983 年 1 月发布的苹果丽莎电脑（Apple Lisa），让用户第一次能够在桌面拖拽文件，将文件放进文件夹，并让用户能流畅地滚动阅览文件，还实现了窗口重叠的电脑。通过乔布斯著名的 WYSIWYG——所见即所得（What You See Is What You Get），丽莎电脑让用户能够完全精确地复制屏幕上的内容。丽莎 2 代在一年后发布，售价为 3,495 美元，价格只有施乐之星的五分之一，性能却更好。[8]麦金塔电脑则是更进一步的提升，它要价 2,495 美元，拥有许多更易使用也更有意思的迷人特点，包括一款优秀的图形软件包和种类繁多的不同字体、文档、制表软件和其他模板。

事实上，第一台苹果电脑远非完美。它绚丽的用户界面占用的内存与它的功能不相符合。然而，随着时间不断完善改进，之后我们会看到，苹果电脑对于特定用户群的吸引力——他们大部分富有创造力、对好设计着迷，而这也成就了苹果电脑长期且巨大的商业成功。

但是，乔布斯并不是一名价格简化者。他在苹果电脑计划中的一位早期合作人，也就是为这台电脑命名的杰夫·拉斯金（Jef Raskin）是一名年轻、聪颖、极有主见的计算机专家。拉斯金想要造出一台能够为大众所用、进入每个家庭的电脑。当时只有不到百分之一的家庭拥有电脑，因此他的愿景看起来似乎是个乌托邦式的荒谬主意。他设想的理想电脑，是一台有键盘、屏幕和一整套计算装置，价格在 1,000 美元的机器。如果乔布斯支持了这个概念，苹果也许就会成为电脑行业的福特汽车公司。如果他这样做了，那么他就会是一名价格简化者。但是，他却有不同的看法，正如沃尔特·艾萨克森所解释的：

> 乔布斯迷上了拉斯金的愿景，但并不是愿意为了降低成本而妥协的那部分。1979 年的秋天，乔布斯让他专注于创造他反复称为"无与伦比"的产品。"不要担心价格，只要强调电脑本身的能力。"乔布斯这样对他说。拉斯金的回应是一张充满讽刺的便笺。[9]

权力的斗争随之而来。乔布斯获得了胜利,拉斯金则离开了公司。在 1984 年,苹果电脑定价比敌对的 IBM 个人电脑高出 25%。尽管购买 IBM 的人更多,但大众普遍认为其性能较差。

乔布斯对价格并不在意,也不痴迷于要为他的电脑创造更广阔的市场。他的简化,主要是为了让他的电脑在用户心中成为最好。他创造了一台他自己想要使用的电子设备。他并非全然不懂何为商业:他进行了简化,让他的电脑更容易生产,从而也更便宜;相比施乐之星,他进行了令人惊叹的成本削减。但是,只有在不牺牲主要目标,也就是创造一台无与伦比的电脑时,他才会降低成本与价格。使用的便捷性、艺术性和实用性,让他的电脑在使用中能够带来愉悦的感觉。价格的确重要,但却远没有这么重要。从那之后,价格都不是苹果产品热销的主要因素。

因此,乔布斯是第一位我们所说的第二类简化者,即命题简化者,因为全部的创新和优势都体现在对产品或服务的定位上,而非它们的价格。用乔布斯自己的话说,他的产品必须"好到无与伦比"。从我们的角度看,一个产品必须在使用中有乐趣,它必须有一个明显的"让人惊艳叫好的因素"。乔布斯说"产品就是一切"[10],这句话能代表本书中将要提到的所有命题简化者。

福特、宜家和麦当劳的故事告诉我们,价格简化者带给顾客最大的好处是从 50%~90% 的大幅度降价。这样的价格削减对价格简化者来说绝对是必不可少的。之后,我们也讲到福特、坎普拉德和麦当劳兄弟,保证绝对和持续的低价的同时,尝试尽可能地改进产品的使用便捷性、实用性和审美价值（即艺术性）。

对命题简化者而言，情况则截然不同。他们的绝对优先目标，不只是让产品或服务变得更好一些，而是要提升整个数量级，从而能够与市场上的其他任何产品有显著的不同。麦金塔电脑、iPod音乐播放器、iPad平板电脑和苹果手表都符合这一标准：产品定位要么是对现有产品的巨大提升，要么是一种全新的、与众不同的创造。它必须好到无与伦比，给使用者带来愉悦感。使用便捷性、实用性或是艺术性，我们至少会指定其中一项优点作为价格简化者的额外选项，但这三项优点必须要出现在命题简化者的新产品或服务中。实际上，通常来说，至少要有两到三项优点；但是，无论是一种、两种或是三种优势，他们都必须改变产品特质定位。

在麦金塔电脑的例子中，所有这三项优势都很明显，其中使用的便捷性是最重要的一项。

1. 使用便捷性
- 安装设置简单。
- 脱离了当时应用于其他电脑上的DOS命令系统。即使是1981年IBM发布的具有开创性的个人电脑，也仍旧使用老式的命令行来驱动操作系统。
- 在麦金塔操作系统中，具有图像化的桌面和位映像，操作更加直观，所要求的训练与专业技能也比DOS系统要少得多。

2. 实用性
- 具备在桌面上储存与打开文件的能力。
- 可以滚动浏览的重叠窗口。
- 新建文件,并能照屏幕上看到的原样打印出来。

3. 艺术性
- 有趣直观的图标。
- 大量美观字体。
- 硬件设计干净轻便,和IBM炮筒灰相比更吸引顾客的产品。

这些特质,就是麦金塔电脑存在的理由。降价只是附带的,远非重要的目标。实际上,正如我们在本书后面会看到的,大部分命题简化的产品与服务,比如苹果电脑,都比它的竞争对手定价更高。

在设计丽莎与麦金塔的过程中,乔布斯的参考点是施乐之星。他对大幅削减成本很感兴趣,但除非成本下降与产品并举。比如说,鼠标。施乐之星的鼠标有三个按钮,滚动也不流畅。当然,正因为有这些特征,它要价300美元。因此,乔布斯要求设计公司设计出只有一个按钮,即使在粗糙的表面也能流畅滑动,并且只要15美元的鼠标。没多久,他们就造出了一个。

乔布斯的主要目的,并不是重塑施乐的科技,让它实现商业上的成功。他想超越它,让用户能够在桌面拖动窗口,放进文件夹,放大或缩小窗口的尺寸,并且通过图标就能进行所有这些操作,而不必在操作之前还要选中一个命令。施乐之星没有做到这些，而麦金塔电脑却全部做到了，甚至做得更好。

哪一种简化类型更好？

这取决于：

- 企业家或是领导者想要做什么
- 公司能够做什么
- 竞争者
- 市场
- 科技水平
- 时间与地点

并没有哪种方式从本质上来说比另一种更优越。

价格简化的一大优势在于，它往往有可能建立一个庞大的大众市场和一个有效胜过所有竞争对手，至少在早期无法被模仿或规模被轻易超越的商业系统。价格简化者在最后很可能比命题简化者的销量要高得多，而后者依赖于顾客愿意为明显更优秀的产品支付更高的价格。命题简化者面临的困难，是他们必须持续创新、开发新产品，走在竞争对手前面，否则他们就会失去市场份额，利润下降。然而，他们将很可能在任何市场都能创造出一批从中端到高端的极具价值的拥趸。价格简化者必须降低经验曲线，持续节省成本，严格控制利润。相反，命题简化者有时能够紧抓高额的净利润，比如苹果的净利率高达40%，在撰写本书之时，苹果是全世界价值最高的公司。

　　电脑行业的历史证明，价格简化者和一个或更多命题简化者能够同时存在，在同一个广阔的市场中各显神威。但是，任何想走中间道路的公司都必定会失败。麦金塔电脑在市场上的份额从未达到过两位数，因此它从未杀死势力庞大的IBM。微软给IBM和兼容了IBM系统的电脑提供了帮助，它复制了苹果操作系统的大部分功能。直到1985年秋天，Windows1.0才诞生，当时它还只是对于麦金塔（甚至施乐）操作系统的拙劣模仿。但是，差距逐渐变小，尤其是在1985年到1996年，乔布斯被逐出苹果之后的那段时间，麦金塔软件获得的再投资十分有限。

　　即使是这样，简化法则注定了，在与微软签订的浮士德契约中，IBM并不是主要受益者。IBM持续在产品品质方面被麦金塔电脑超越，之后又将剩余的市场份额输给了价格简化者，起初是康柏和惠普，后来是戴尔。作为一家企业，IBM始终是一个不情愿的简化者，对命题简化和价格简化都没有丝毫热情。在它拥有电脑业务的时期内，它从没在电脑上赚到钱，现金状况恶化到整家公司都要关门的地步。在2005年，老大蓝制造了最后一台电脑，并将PC业务出售给了中国的竞争对手联想。

　　而充满勇气的小苹果又是如何呢？在乔布斯离开的无趣时间里，它在电脑市场的份额跌至3%，但在1997年史蒂夫再次入主苹果后，它的业绩又有了起色。乔布斯让产品线更加合理，开发了让人印象深刻眼前一亮的新软件,并且他与新的首席设计官乔纳森·伊夫一起,瞄准美国国内市场在 1998 年发布了 iMac 台式机,并大获成功。定价为 1,299 美元的 iMac 在首次发布的 5 个月内卖出了 800,000 台,这是苹果有史以来最高的出货率。[11] 在 21 世纪头几年里,麦金塔作为其他苹果产品的枢纽达到了新的高度。尽管历经 20 余年,但命题简化最终有了积极的成效。就像亨利·福特的价格简化,史蒂夫·乔布斯并非一蹴而就。最终事实证明,自信、坚持和正确的策略同样至关重要。

结　论

- 2000 年 5 月,股票市场上微软的市值是苹果的 20 倍。10 年之后,苹果胜过了微软,并且在第二年,比这个最大的竞争对手高出 70%。[12] 在写作本书的时候,苹果的市值是 7,420 亿美元。

- 2010 年,麦金塔电脑在全球电脑市场中只有 7% 的份额,却拥有行业 35% 的营业利润,[13] 比其他任何一家公司都要高。苹果创造并统治了个人电脑市场最顶端的部分,从而获得了十分具有吸引力的回报。

- 没有苹果,如今的电脑也许就不会如此设计优雅、易于使用。没有苹果,我们如今习以为常的桌面也许并不会成为电脑的通用特质。

关键点

1. 史蒂夫·乔布斯与我们之前提到的例子中的简化者不同，他是一名命题简化者，目标是创造"好到无与伦比"的产品。你认为你自己更倾向于价格简化者还是命题简化者呢？你的公司又是怎样呢？

2. 价格简化者创造或扩张了一个大众市场。通过麦金塔，苹果主要服务于中端与高端的用户，他们愿意为更直观、更实用、更好看的产品付出高额的溢价。你认为这在你的行业行得通吗？

3. 在同一个广阔的市场中，价格简化者和命题简化者能够和平共存，他们各自拥有独特的客户群体和独特的商业优势。对于价格简化者来说，优势是大众市场。对大部分命题简化者而言，则是更高的净利润。你认为你的企业更加注重其中的哪个优势呢？

4. 最差劲的结果，是像 IBM 一样走在两种简化方式的中间，既非命题简化，又非价格简化。无论品牌如何具有识别性，名声如何响亮，初始用户群有多大，领导者有多聪明，甚至无论公司有多富有，对于那些困在中间的企业，召唤它们的是失败倒闭的命运。这会是你的公司面临的危险吗？

第 5 章

战略简化者

战略,需要正中红心。

——布鲁斯·D. 亨德森(Bruce D. Henderson)

战略简化者改变了商业世界。他们不仅孕育了一个庞大且高收益的咨询行业,同时也使年轻人能够以前所未有的速度了解何为商业,从而降低了首席执行官们的平均年龄。他们还对商业理论进行了革新,将其牢牢植根于经济、财务与市场理论。商业不再依靠直观,而更加偏重分析,这一过程虽然在如今有些做得过火,但在当时却使资源得到更有效率的运用。

当我(理查德)在 1975 年于沃顿商学院完成 MBA 课程时,我参加了波士顿咨询公司和一个小型管理咨询公司的面试,并且询问了他们的运营方式有何不同。"基本上来说，我们有一个指导咨询的模型。"面试官菲利普·休姆（Philip Hulme）说道。他接着解释了波士顿矩阵，以及现金牛、瘦狗、问号和明星。原来这些简单的东西就可以指引规模巨大的企业，像我这样初出茅庐的25岁青年也能够对这些大企业有所帮助，我立即就被他清晰的阐述和这样的前景吸引住了。因此，当波士顿咨询公司同意录用我时，我立刻就接受了。

我很快就明白了，这种规模的变革，不仅是因为这个模型，更是因为波士顿咨询公司这家企业。布鲁斯·亨德森于1963年创立了这家公司。在此之前，顶级的咨询业务被麦肯锡（McKinsey）所垄断，当时麦肯锡是一家受人推崇的企业，典型的咨询顾问是一名头发灰白的老手，经历丰富，在某个行业是公认的专家，因此总能向企业提供他的经验（对，总是"他"）。实际上，麦肯锡售卖的是经验。

相反，波士顿咨询公司的产品则是浓缩的智慧。因此，波士顿咨询公司典型的咨询顾问是一名MBA毕业生，他（她）的年轻和智力要么让客户感到惊吓，要么让客户觉得茫然。麦肯锡倾向于个人顾问或是小型团队，波士顿咨询则提供了一个任何企业或行业均可使用的简单、统一的模型。这个模型前所未有，无比简洁，蕴含了无数的真理。波士顿咨询认为，做市场领导者好过做追随者，公司应该"利用经验曲线降低价格"，也就是说，追求更高的市场份额，以降低成本与价格，从而处在成本比任何竞争者都低的成本位置。最佳的位置就是"明星企业"，也即高增长市场中的市场领导者。这样的位置格外珍贵。波士顿咨询宣称，在产品的生命周期中，几乎所有由公司创造的现金都来源于曾经或现在的明星企业。

这一建议，恰巧大致与价格简化者的策略重合，除了本书更强调简化是成为明星并且创造庞大市场的方式。

波士顿咨询的模型大大简化了对任何大型企业的建议。它告诉企业的管理核心与具体操作的管理人员到底要做什么，也就是专注于成为"明星"，提高在所处市场中的份额，降低成本，通过更低廉的价格给顾客带来利益。

这些建议的有效性我是亲眼所见。这一理论中是存在一些危险漏洞与错误，但总体而言，它相当有效，能够帮助公司免于代价高昂的错误，并将它们指引向正确的发展方向。对一个简单模型及其背后的知识力量的信仰，在使用了波士顿矩阵的公司中起到了刺激与团结的效应。它提供了一种共同的交流语言与逻辑，从董事长办公室到各个部门与作业单位都能够共享。相信公司的市场份额、利润以及市值将可能发生根本性改变极其鼓舞人心，也强化了存在于建议核心的经济逻辑。对理念（大体来讲是正确的理念）的信仰，创造了巨大的财富。

波士顿咨询公司进行了简化，包括对公司本身，以及客户的发展。

这是彻底的命题简化。波士顿咨询公司从未尝试降低价格：大体上，它每小时收费跟随市场领导者麦肯锡的脚步。这是一项明智的策略，因为高品质咨询的市场对价格并不敏感。首席执行官与董事会成员们想要最好的建议，他们愿意为此付出高价。一个降价提议也许只会让公司的可信度受到质疑。

那么，波士顿咨询公司的吸引力在哪呢？

1. 使用便捷性
- 在此之前，商业战略要么被完全忽视，要么被认为太过复杂，难以缩略成一个简单的模型。但是，现在要确定任何一家企业的位置以及如何应对所处的位置只需知道两个方面的简单信息：和最大竞争对手相比市场份额如何，以及未来的市场增长率。依靠波士顿矩阵能够实时估计并事后检验企业所处的位置。这一表格既能被董事会成员使用，也能被小型作业单位的经理使用。它能够告诉所有人要做什么。商业战略突然间不再神秘，它变得很好理解，甚至还甚是有趣；它比以前沟通起来要精确、有效、容易记忆得多。
- 原理简单，很容易就能被掌握并转化为行动。

2. 实用性
- 建议很实用，因为它以简单而强有力的微观经济概念为基础。市场份额很实用，因为它降低了成本。比竞争对手拥有更高的市场份额，也就能实现更低成本，降低价格，并进一步获得更多的市场份额。竞争对手的收益会更少，从而对市场的兴趣降低，如果价格降到够低，甚至可能将竞争对手强行逼出市场，使得领导者的市场份额提高。

- 波士顿咨询公司的系统需要作为客户的管理者基于波士顿咨询公司的观念，为他们自己谋划，而非只是一味遵循专家的意见。对这些观念的内部化创造了实施它们的能力和承诺，也创造了在环境变化时适时改变战略的能力与承诺。

3. 艺术性
- 波士顿矩阵本身能够做成色彩丰富、引人注目和简单的视觉呈现效果，使得概念更加直观真切，更好地应用于客户的环境。
- 波士顿咨询公司的概念优雅、简洁，这一点在简短而写作上乘的小册子的"远景"部分和在豪华宾馆举行的领导会议上得到了阐释。

波士顿咨询公司不仅简化了咨询"产品"，更简化了咨询过程。正因为它简单，咨询专家的原理能够很方便地传授给新员工；正因为咨询过程基于这些原理，咨询顾问并不需要具备数十年的工作经验。而新员工的工资相对较低，因此，就像它通常带来的结果那样，简化还降低了生产成本。结果就是，波士顿咨询公司比麦肯锡发展得更快，利润更高，因为虽然收费相同，但它的成本更低。

当然，讽刺性的是，波士顿咨询公司用于自身商业与战略决策的商业模型，和它所宣传鼓吹的并不一样。我们认为，波士顿咨询公司假定所有企业都应该是个价格简化者。这在很大程度上是正确的，大多数市场都是如此。但波士顿咨询公司本身，以及其他很多公司，却因命题简化模型而获得成功。[1]

另一个很好的命题简化者，与波士顿咨询公司身处同一领域，但定位不同，那是贝恩公司（Bain & Company）。它于1973年从波士顿咨询中分离出来，建立之初一直面对着讥讽。我在1980年离开波士顿咨询公司，加入了贝恩公司，尽管两家公司遵循着相同的理念，但我仍然为它们的不同而感到惊讶。那时，贝恩公司的定位极具创新、极其大胆与简单。它简化了客户基础，简化了自身的目标，并且持续简化咨询的过程。

贝恩公司与世界上其他所有咨询公司都不同，因为它只为公司的首席执行官服务。从最初开始，即使在它还是一家小公司时，贝恩公司就坚持这么做，这使贝恩公司拥有了一种精英地位。它唯一的目标就是增强客户公司的市值，从而也提升自身。贝恩公司承诺会发挥作用的正确策略实行之后，成果就会显现，当然是在策略得到全心全意地实施的时候，而只有领导者才有能力让这些策略得到完全的实施，因此贝恩公司拒绝和老板以外的其他任何人商讨。

这一针对领导者的定位无疑是简单而大胆的。贝恩公司所拥有的科技和战略的广阔力量（记住，这是20世纪七八十年代），都只听从你的差遣。贝恩公司永远不会为你的竞争者服务，并且将会同时提高你个人和你公司的利益。在贝恩公司的建议下，你将会遵循正确的战略，你将会是正确的领路人。因此，你能够毫无保留地相信贝恩公司。

但是，贝恩公司将持续地从你那里要求一些东西作为回报。你必须同意绝不与贝恩公司的任何竞争对手合作（包括波士顿咨询、麦肯锡以及其他咨询公司）。你必须认真对待贝恩公司的建议。当然，因为贝恩公司的提议都是基于数据与逻辑的，你可以对它们提出质疑。但除非你能证明贝恩公司是错误的，否则你必须遵循它的建议。此外，不能强行限制贝恩公司的预算。如果贝恩公司带来了持续的利润与市值增长，即你在贝恩公司花的钱得到了良好的回报，你就应该遵循它的下一步提议，包括贝恩公司的预算。

贝恩公司全权负责解释所有的战略。实际上，在首席执行官与董事会成员知道新战略与新提议之前，贝恩公司就已经为所有人——从最底层到最高层的经理——概括了所有要点，并且改正了所有错误，保证了整个过程中的共识。这样为自身提议保证一致认同的过程，排除了管理结构内任何强硬的"巨头"（比如说，部门或是区域的主管）出现的异议。因为贝恩公司的准则坚信数据与分析至高无上，即使某位领导的直觉或个人利益与之不同，也很难提出异议。同时，首席执行官相对于下层的权力得到了极大增长，这也让领导的生活更简单、更轻松。

根据这样的流程，可以预想的，是贝恩与客户之间日益紧密的合作关系，以及与日俱增的咨询收益。参与这样的良性循环，也许还能就此变得富有，可谓是极乐享受。

然而，我必须补充说明，十分遗憾，贝恩公司的定位已经发生了改变。它的产品线与服务已经变得更加广阔与多样化，因为管理咨询市场爆发式增长，出现了大量细分领域。贝恩公司和波士顿咨询公司都变得更像麦肯锡一样，不再是"单纯"战略的提供者，而是变成了一个专家大卖场，不再承受得起 20 世纪 70 年代波士顿咨询公司大举进入策略市场时麦肯锡所给予的赞美。

最原始的贝恩战略很简单，因为它打破了公司内的一切办公室政治。公司老板与贝恩公司的利益完全一致，这提升了双方的实力。对于老板来说，与贝恩合作是一种愉悦的感受，因为：

1. 使用便捷性
- 首席执行官的生活简单了很多。他现在拥有了能够打动董事会的一流策略眼光，他知道要做什么，他有了一个完全脱离于企业内部、值得信赖的密友与咨询师，他拥有所有能够用来说服他人的数据与分析。他可以很自信地说，除非发生无法预见的灾难，他的任期将会非常成功，他的选择将会创造财富。
- 首席执行官的权力，以及他或她强行推动彻底变革的能力大大增强了。

2. 实用性
- 贝恩在为客户提升市值方面极其有成效。
- 它的工作过程激发了经理们的大量活力，并且引导他们面向同一个方向。一位资深经理形容在他的企业内部工作的贝恩咨询顾问为"就像是核反应堆，产生了一波又一波承诺与兴奋的热潮"。

3. 艺术性
- 贝恩公司的合伙人对首席执行官们的侃侃而谈是原创的、巧妙的且有效率的，基本上来说这些都是真话。艺术性尤其体现在原创性上，老板们从没听到过像这样的言论。

20世纪七八十年代，贝恩公司的发展速度远远超过波士顿咨询公司，它超越了这位恩师，盈利能力大增。如今，它拥有超过6,000名雇员，与之对比，波士顿咨询公司有9,700名员工。它们是世界上最为知名的三家咨询公司之二（另外一家正是麦肯锡）。

对于从未和"战略顾问"打过交道的人来说，波士顿咨询公司与贝恩公司之间的差异也许看上去很是深奥。然而，尽管两家公司在工作中使用了相同的知识材料，它们的行事方式差异之大令人震惊。可以说，这两家公司是十分不同的商业系统。它们出售服务的方式不同，于是选择与招揽客户的方式也不尽相同，公司内部的工作方法以及和客户接触的工作方法都不一样。从那之后，无论何时，只要我能在同一领域观察到这两个竞争对手，我都会注意到它们的细微差别，也正是这些差别让它们以不同的方式参与游戏。对两家公司而言，这是好事，因为它们之间的竞争可以因此不必那么激烈。如果差异很大，就像波士顿咨询公司与贝恩公司之间的那样，那么它们就并不需要硬碰硬，每一家公司都能够在它的市场范围内获得压倒性的份额。

　　这就是命题简化的运作方式，比如波士顿咨询公司和贝恩公司，它们都有可能发展出自己独有的定位。除此之外，以前的命题简化者获得的成功也没有阻挡其他公司发展出自己的新定位，这种新定位可能，实际上也应该能吸引一群不同的新顾客，而这些新顾客是由命题简化者根据自己的新公式重新定义出来的。在同一个市场内可能存在多个命题简化者，这与价格简化截然不同，价格简化的情况下，企业要占据市场中最大的份额，企业配置业务的自由度一般来说也更少。比如，如果你想制造足以和福特抗衡的廉价汽车，你就必须像福特一样，拥有巨大的工厂和移动流水线。如果你想出售低价沙发，你就必须委托相对较少的供货商生产，用平整包装的方式运输，存储在庞大的郊区商店里。换句话说，你的业务系统必须与宜家一样。对于最低成本的通用产品与商业系统的追求，每一次都会带来相同的答案。因为企业的目标是大部分市场，市场细分与产品分化并不具备基础。任何想要寻求最低价格策略的公司，都可能会创出造相同的产品与系统。

　　因此，当一名价格简化者创造出大众市场后，现存市场的划分很可能会瓦解，或是至少会大量削减市场中其他参与者的销量。只有一个新的大众市场，提供最低的价格与最高的价值。其他的细分市场可能会衰退或消失。麦当劳发明了汉堡快餐厅，这一市场就指数级增长，同时家庭咖啡店和经济廉价咖啡厅却遭遇了艰难时光。廉价航空创造了一个大众市场，传统航空公司就丢失了市场份额。

对于宜家或是其他价格简化者来说情况相同。它们夺走了一些传统竞争者赖以生存的土壤，因为价格是强有力的武器，并且还会随着时间推移变得更加强有力。规模优势随着领导者的商业系统扩张到全球而得到增强，领导者与其他竞争者之间的成本优势差和成本差也变得更大，追随者被甩在后面，几乎不可能赶得上。只要企业运营较好，这个领导者会随着时间推移更加具有统治性。这就是为什么我们介绍的许多价格简化者能持续数十年的成功。

但是，命题简化者的模式却截然不同。它们没有去减少或消除竞争者之间的差异，而是不断加大与竞争者之间的不同与距离。在现存市场上建立新的细分市场，有时也给现有的公司带来微小的破坏。波士顿咨询公司并没有真正地对麦肯锡造成伤害，事实上，它为这家曾经的主导企业创造了一个新市场（战略咨询市场）。同样，贝恩公司的成功并没有导致波士顿咨询的垮台。当价格不是一个关键的购买标准，当对手之间的价值难以比较，当新企业能以新方式吸引新的特定客户群体（贝恩公司只服务于大企业的首席执行官们），新的命题简化者的到来也许能够扩大市场及其盈利能力，这意味着市场上会有好几个成功的玩家，而不是只有一个。

但是，事实并不总是这样。当一名命题简化者提出一个明显更加优秀的公式，一个对于之前主流市场的大部分参与者都极具吸引力的公式，效果可能就会是击溃大部分的传统竞争者。优步（Uber）正是这样一个例子，智能手机也是。尽管新一代手机比之前的要贵上很多，但它实在是太诱人、太方便、太实用，时时有新的诱人的APP，市场已经完全改变了。结果就是，迟迟未能发展智能手机的诺基亚饱受苹果与三星的夹击。

到目前为止，我们可以总结，破坏之前的市场划分的最大因素是价格与科技，它们可能会消除市场细分，而非创造新的细分市场，也不会让现存企业安然无恙。当免费服务与新型科技结合在一起，比如说谷歌，带来的影响对于传统市场（在这个例子中是纸媒）是毁灭性的。

结　论

- 在1963年，麦肯锡在顶级公司的董事会咨询行业中几乎处于垄断地位。在20世纪70年代初，波士顿咨询公司在这个有利可图的市场成为一名实力强劲的竞争者，贝恩公司则在70年代末期赶上了这趟赚大钱的机会。从那之后，尽管高质量"小而优"的竞争对手层出不穷，这三家公司始终保持着最具声望的咨询机构的地位，并成就了自己的全球品牌。
- 董事会咨询和战略咨询的市场（后者是前者的一个大分支）从1963年以来增长迅猛。最大胆地估计，从那时以来，世界市场保持着每年16%的增长率，这意味着如今这一市场已经是原先的2,000倍。2013年，麦肯锡的收入为78亿美元，拥有17,000名员工。2014年，波士顿咨询公司公开收入为46亿美元，拥有9,700名员工。贝恩公司没有公开发布其收入，但它有5,400名员工。（和波士顿咨询公司相比，根据雇员进行收入预测，估计为26亿美元。）20世纪70年代，三家企业更像是家庭作坊，相比之下这些数字令人惊愕。此外，这三家公司同样拥有惊人的盈利能力，销售利润率介于15%～40%之间。除此之外，所有的扩张都是有序进行的，无需任何外部资金。

关键点

1. 对于服务行业，命题简化往往是一个好机会。如果简化能够增强实用性、使用便捷性和艺术性，利润与营业收入就能够同时增长。

2. 简化能够大大增强定位的价值。它所要求的是足够的想象力与同感心，即让自己从价格最不敏感、盈利最高的客户的角度进行思考。

3. 虽然在任何特定市场中都只能有一个成功的价格简化者，却能同时存在多个命题简化者，它们每一个都有不同的定位。你能够想到一个可以让你发掘新市场、为新的目标客户提供具有更高使用便捷性、实用性和艺术性的定位吗？

现在，是时候来到眼下，看看三个近期发生的简化案例。它们都运用了互联网和智能手机作为平台，提供新型或改进的服务。

第 6 章

出租车，以及 APP 的美丽新世界

如果还没被打破，那就去打破它。

——理查德·帕斯卡莱（Richard Pascale）

我们正在经历非常有意思的事。优步，世界上最大的出租车公司，却不拥有一辆车。脸谱网（Facebook），世界上最受欢迎的媒体所有者，自己完全不创造内容。阿里巴巴（Alibaba），市值最高的零售商，却没有任何存货。爱彼迎（Airbnb），世界上最大的食宿提供商，自己却没有任何房产。

——汤姆·戈德温（Tom Godwin）

在本章中，我们将看到三个近期的命题简化案例。它们现在看起来是如此自然明显，以至于我们很疑惑为何它们没能早几年就出现。命题简化能够使生活更简单、更愉悦，还能为简化者创造一笔财富。也许简化的价值和做法才刚刚开始被世人所熟知。也许，互联网与相关科技使得简化变得更容易，几乎能在一夜之间变革一个市场。

优步与便易出租车

如果你居住在巴黎，或是其他任何一个大城市，打车简直是一个噩梦。法国首都的严格监管系统意味着司机必须为他们的"出租车执照"支付成百上千欧元的费用，这意味着打车价格将非常昂贵，尤其是在出租车数量被故意控制在需求量之下。结果就是，在深夜或是周末，或是下大雨的时候，几乎不可能打到车。不仅如此，司机对路线不熟，常常需要停下问路，你永远不会知道到达目的地需要花多少钱，或是能不能通过观光线路到达目的地。

但是，从 2009 年开始，这一存在已久的系统，以及世界其他地区类似的系统，开始崩塌与消亡。在美国的一些大型城市，以及越来越多的其他地方，从伦敦到新加坡到班加罗尔，你很可能已经注意到了优步的美丽新世界。你只需安装一个智能手机应用，输入信用卡信息，下一次你需要打车时，打开这个应用，输入你的出发点与目的地，你将会知道出租车多久能到，在司机到达的两分钟前你会收到短信通知。到达的出租往往比传统出租更干净、更时髦。司机通常都知道怎么走，因为车内有导航系统。当你被送至目的地时，你的信用卡会自动扣款，你会收到电子账单，因此你也不需要带现金。如果账单需要和其他人平分，你也可以和朋友分摊费用，还不需要小费。到达目的地后，你可以给司机评级；你也可以在乘坐之前查看司机的等级。如果你给一名司机只打了三星，你就会收到客服中心人员的跟进电话，询问出了什么问题。安全问题你可以放心，因为每一名司机都登录在册，每一辆车都会被追踪。优步鼓励相互的礼节，因此你会知道司机的姓名，他或她也会知道你的。

优步对司机来说也同样好用。他们也可以为乘客评级。优步缩短了他们在街上打转寻找乘客的时间和精力，增加了实际接送的时间。一些司机认为优步使他们的潜在收入持续增加。

根据地点不同，优步的费用也许比乘坐普通出租车要便宜，但优步的最大优点在于它的定位，而不是价格。它提供了简化带来的所有三种顾客利益：

1. 使用便捷性
- 简化了打车过程，不必伸手招揽，不必电话预约，也不必搜索。
- 减少了出租车到达时间与类型的不确定性。
- 简化了支付过程，整个系统无须现金。
- 无须小费，当然这在这个无现金系统中也不可能（除非用现金支付）。
- 更方便分摊费用。
- 通过精确估计车程费用，使价格变得透明。

2. 实用性
- 由追踪系统保证的安全与安心。
- 每一趟乘坐都能对司机与乘客评级,品质更高。
- 广泛性——仅仅一个应用就能够在全世界大部分大城市使用。
- 通过无缝的可靠需求节省了时间。
- 自动生成电子账单。
- 从普通车到豪华车的自选服务。

3. 艺术性
- 和传统出租车相比,乘坐体验更好。

总的来说,乘坐优步出租车是一种享受。

这个系统本身极其简单,尤其对于公司而言。优步自身并没有车,它只是一个中间人,通过运用科技手段将司机与乘客相连,然后从每一笔交易中抽成。

2009 年,优步由首席执行官特拉维斯·卡拉尼克(Travis Kalanick)与加勒特·坎普(Garrett Camp)创始于旧金山。它们开发了一款手机应用,使得这个系统能够运作,还雇用了旧金山的司机,并在 2010 年发布了网站。从那之后,优步已经扩展到全球 250 个城市。它面对的制约只有传统出租车司机负隅顽抗背后的法律与监管约束,以及事先进入某些城市(比如说伦敦)的少数模仿者们。

尽管监管问题很严重，但这种新型的打车方式似乎将会彻底摧毁传统出租车公司。

如今，优步已经大获成功。尽管它的初始资金很少，但在2014年5月15日，《金融时报》(Financial Times)报道优步已经以100亿美元的估价筹集到10亿美元的资金。[1] 7个月后，优步又筹集到12亿美元，现在公司估值又高了4倍，达到了410亿美元。[2] 2015年5月，优步又被报道再次筹集了15亿到20亿美元。那时，公司估值已经增长至500亿美元[3]，2015年11月，据说这一数值达到了700亿美元[4]。

和估值一样令人印象深刻的是优步的业务增长，以及它能够筹集到如此巨大资金的主要原因。在写作本书的时候，有估计称到2015年年底，优步将实现每年100亿美元的价值增长[5]，它从中将会获取大约20亿美元的佣金。对于一家只有6年历史的公司来说，20亿美元的净收益可谓超凡。

优步是命题简化最新最显著的新案例，因此值得密切关注。当然，优步也反映了其他命题简化者的一些特征，但它同时也揭示了命题简化在当下能够生效的理由。

优步最引人注目的一个方面，是它如何在早期实现了成长。2011年9月，它的一则博客文章这样说：

> 优步在市场营销上几乎没花一分钱，我们基本上完全靠口耳相传。我指的就是那种老式的口耳相传，比如在办公室

饮水机旁边,在饭店付账时,和朋友在聚会时听到的"谁用优步回家?"我们95%的乘客是从其他优步乘客那里听优步的。我们的扩张速度几乎是史无前例的。每七次乘车服务,我们的用户就会带来一位新乘客。想想推特上每七条推文就带来一位新用户会是怎样的情形?[6]

一种真正吸引人的定位,即便在一个紧密联通的世界,口耳相传也能带来惊人的扩张速度,这也正是分析师与旁观者习惯性低估简化者增长和潜在规模的另一个原因。

但是,口耳相传只是优步成长潜力的一个方面。其他数据表明,优步不仅获得了更多市场份额,同时也扩大了市场规模。特拉维斯·卡拉尼克在2015年年初说过,旧金山的传统出租车市场约为每年1.4亿美元,然而优步在旧金山的收入总额现在大约是5亿美元,这比传统市场要大3倍。除此之外,优步在旧金山的收入每年增长约3倍,并且这样的增长还会持续数年,很快就会比原有市场大10倍。

但是,尽管这样,优步的发展潜力还是被低估了。它如今已经不仅仅只提供出租车服务。它在充满活力地尝试,也许它会成为更加广泛的物流服务机构,横跨个人定制运输、拼车、个人物流等业务,比如说接送小孩上学、汽车替换甚至是商业物流。它当然有潜力在这许多领域夺取市场份额,也能促进市场规模的增长。

在获得如此多的荣誉之后,也许有人会总结认为,一旦优步使服务更加完美，它将不可战胜。毕竟它创造了一种颠覆性的体验，彻底简化了出租车的定位；它有一个十分直接的收益模型，从每一笔交易中都能获取可观收入；顾客似乎很愿意花大力气吸引其他顾客，因此没有必要花钱做市场营销与广告；另外，正如我们在旧金山所看到的，在扩张到其他百个城市之前，仅仅在这一座城市优步就建立起了好几百万美元的生意。

那么，我们也许会问，为什么优步还需要筹集数十亿美元？为何它不能用自己迅猛增长获得的现金流来支持自身的发展？最初的命题简化理念难道还不足以保证成功吗？

答案是成功并不是确凿无疑的。公司在2014年到2015年筹集的资金很可能是一个事关存亡的决定。优步的服务具有什么特性，它如何在市场中运作，这些都是需要公司领导人解决的问题。特别是，他们面临三个巨大的威胁。

首先，优步提供的最基础的服务花很低的成本就能很容易地复制。我们可以来比较一下，想象一下要成为与宜家相匹敌的对手，你需要做的是什么，比起聚集几个技术精良的软件开发者创造一个应用和支持系统，组织几百个司机以及营销你的新出租车服务，显然和宜家竞争要困难与昂贵得多。不出意料，很少有公司尝试去复制宜家的模式，但在世界上许多国家，优步却被复制了无数次，很多时候这些模仿者的初始投入资金还不到100万美元。这样的情况非常重要。优步要想在长期内保持成功，它必须以惊人的增长率来压制竞争对手们。而且，这一指数式增长率越来越关键，因为有一些竞争对手此刻已经具备雄厚的财务支持与目指全球的野心。

一个合适的例子是"便易出租车"（Easy-Taxi），这是扎姆韦尔（Samwer）兄弟对优步的克隆品。它应用于 30 个国家，主要分布在拉丁美洲、中东、非洲和亚洲。在本书写作时，便易出租车已经筹集到了 770 万美元，这并不是优步竞争对手中筹措资金最高的，但其背后的运营者却使它格外引人注目。

奥利弗·扎姆韦尔（Oliver Samwer）、亚历山大·扎姆韦尔（Ale-xander Samwer）和马克·扎姆韦尔（Marc Samwer）是德国火箭网（Rocket Internet）的创始人，他们不断地将复制来的好主意转化为一种艺术形式，在美国收集各种新鲜概念，然后将这一概念在同一时间推广到许多国家。很少有初创企业能够跃迁到跨国运营，它们无法创造出所需的管理结构，也没有办法像火箭网这样，在严格限制的时间框架内吸引到投资者，来为如此野心勃勃的扩张计划提供资金支持。扎姆韦尔兄弟将产品与定位构想以及概念的市场验证留给了其他企业家，转而强行占有并传播这一理念。他们只专注于一项技能，那就是在任何他们认定的有吸引力的开放市场，尽可能快速与高效地创立与推广这一商业系统。

尽管这一策略可能违反创新敏感度，但无可否认它很有效。2014 年 10 月，火箭网上市时，市值为 67 亿欧元。招股书上列举了 61 家它投资的企业，其中 11 家已经是"已成名的赢家"。对于那些批评它缺少创新的人，奥利弗·扎姆韦尔的回应是："在互联网商业中，有爱因斯坦们，也有巴布工程师（Bob the Builder）。我就是这么一个普通工程师。"[7]

优步面临的第二个威胁,是它的竞争对手们不仅挖走了宝贵的顾客,还不断完善自身的服务,使得优步的服务特征不再明显。想象一下,一个城市拥有5家相互竞争的出租车公司,每一家都有200辆车。再想象一下,同一个城市,有一家出租车公司有600辆车,另外四家各只有100辆车。后一种情况,大公司将始终比其他小公司所需等待的时间更短。它有能力最大化出租车接送网络的效率,能够创造更好的服务。这是十分强大的网络效应,成为规模最大的公司很重要,始终比市场领导者规模小将十分危险。这样的市场不可避免地会随着时间推移浓缩至只有一到两个领导者,而领先企业的产品和服务会比其他企业的好得多,仅仅因为它是最大的。

最终,优步必须解决这样的问题,即在一个个城市里,业务都必须在初始阶段就专注于当地市场。要意识到更加优化的接送服务网络的优势,以及避免成为追随者而处于劣势,为此优步必须在同一时间在世界上数百个城市开展业务,以先发制人。这样快速的扩张也给公司带来了另一项优势:因为优步在这么多城市都开展了业务,它的商业客户很快会意识到无论身处世界何处都只需使用一个应用的便捷性。因此,比起单纯地在某一个特定城市实现统治地位,竞争者的竞争难度和成功条件都变得艰难得多。

所以,成功并非板上钉钉,优步必须谨慎、多疑。2014年8月,《华尔街日报》(*Wall Street Journal*)聚焦于一家成立于旧金山的优步的竞争者Lyft,并且宣称:"忘记苹果与谷歌之争,科技资本领域最激烈的斗争，也许将会出现在这两家资金雄厚、合谋摧毁出租车行业以及彼此的初创企业之间。"[8] 优步已经在快速调整服务以阻碍 Lfyt 的前进步伐。优步最初提供的是周到且质量一流的城市汽车服务，但它很快开始提供更符合大众市场的中档车服务，以应对 Lyft 的创始定位。激烈竞争的轶事流传甚广。Lfyt 控诉优步挖走了它的司机以破坏它的网络增长；两家公司都谴责对方派人下单之后又取消，干扰正常的车辆服务。优步对于监管者和不甚清晰的法律立场也同样强硬：先进入市场，再劝服监管者。在早期依赖于口耳相传的营销方式之后，优步现在开始花大价钱招聘司机，到处给自己打广告。

　　正如我们所看到的，优步是一位惊人的资金筹集人，也是一位凶猛的竞争者。当你决定在横跨五大洲的 250 个城市同时开展业务，同时与相当多背景雄厚的当地竞争者一较高下时，管理与执行的挑战会大大增加。在这些状况中，筹集足够多现金的能力便是一项至关重要的竞争力武器。这很可能要持续一段时间。优步已经证明了在交通与物流领域的命题简化蕴藏着预想不到的盈利机会，于是它开始目睹一类非常不同的对手进入市场。比如说，在 2015 年 2 月，彭博社报道："谷歌正在开发自己的优步对抗者，这两个竞争者将在自动驾驶出租车领域一战。"[9] 据报道，出于对自动驾驶汽车的长期相关兴趣，以及对"城市交通模式浩如烟海的数据"的着迷，谷歌的员工正在进行拼车应用的测试。在可预见的未来，这一领域的生活似乎注定还将多姿多彩。

就像车轮、蒸汽机或是半导体一样，一些科技进步能够广泛解决许多问题，应用于诸多市场领域，从而触发多领域简化的爆炸式增长。互联网及其在智能手机上的移动拓展，无疑是现在最强有力的两种简化平台科技，因为它们能够联通全球数十亿客户。接下来，我们将看到两个以这些新近的科技发展为助力，更具力量的简化者。

声破天

几年前，你可能还在听着CD（带有裂缝的碟盒）闲逛，或是因为向iTunes支付每首歌99美分的价格在第一代iPod上听歌而感觉时髦，又或是十分坏心地通过从未付给歌手一分钱的隐秘点对点文件分享服务免费下载歌曲。能够听到世界上的绝大部分音乐听起来似乎是个过于大胆的设想。但是现在，6,000万人能够这样宣称，在声破天（Spotify）的恩惠下：四分之三的人选择免费使用它的音乐服务，同时忍受插播在歌曲之间的广告，而另外四分之一的人每月支付9.99英镑，获取自由无限制的体验，这四分之一的人还能够保存播放列表，离线收听。

声破天是另外一位影响深远的客户命题简化者，而且它表现出了一些熟悉的特质。从我们自身使用这一服务的体验来判断，几乎可以确定地说它增加了我们的音乐消费量，也增加了还有我们一生中准备花在音乐上的钱，尽管对于大部分用户来说它是完全免费的。它以一种病毒式的方式高速增长，就像是早期的优步一样，因为它的定位是如此强大,以及更加具有社交性,用户可以与朋友共享歌单,也可以关注其他用户的歌单和喜欢的歌手。

但是,声破天在两个方面与优步完全不同。首先,要开发和发布这个服务极其困难。其次,在清除所有这些初始障碍后,声破天几乎是不费吹灰之力就走向了全球。

优步所挑战的价值链是脆弱、分裂、组织松散的,也是几乎难以防御的。相反,声破天则必须拉拢四大唱片公司,因为他们对整个音乐行业具有集中且固化的控制,并且受法律保护。因为很难实施,需要大量的前期投入,也因为这不是100万美元和几名有才能的开发者就能够模仿的,声破天与优步的故事有着十分不同的发展方向。当你观察声破天的竞争环境时,你会发现虽然有很多竞争者,但很少构成威胁(苹果音乐显著除外)或是能够吸引主要投资。

模仿上的困难似乎使声破天将其他竞争对手远远抛在身后,如今它拥有引以为豪的两千多万首正版歌曲。与潘多拉的案例中发现新市场不同,用户在声破天上能够听到任何歌手的任何歌曲。它最大的竞争对手是法国公司Deezer,这家公司在180个国家开展业务(声破天只有58个),但只有1,600万用户,其中又只有600万是付费用户。

爱彼迎

跟出租车行业一样,宾馆行业在21世纪初也步入消亡阶段。在许多城市，位于中心地带的宾馆曾经（现在依然）定价过高，也缺少这一地区本身的"独特氛围"。爱彼迎使房主能够将一张长沙发、一间空余的房间或一整套房子短租出去。这家公司已经成为190个国家超过25,000名房东的一个网络。从2008年创立以来，已经有超过2,000万名房客在爱彼迎上预订了3,000万个入住日。

这一定位的魅力在于体验。对于房东来说，无论房子本身有多朴素，要运营这样一家"宾馆"现在容易多了，同样简单的还有在全球搜索潜在住户。同时，房客能够提出自己的要求，可以选择与当地房东分享一间公寓，可以选择田园小屋，也可以选择海边别墅。比起住在一家毫无特色的宾馆，这样的体验无疑更具本地特色，爱彼迎的广告标语是"宾至如归"（belong anywhere）。要获得这样的体验也很简单。你先确定一个城市，列出房客人数和入住天数，选择是共享住宅中的一个房间（即和房东一起住）或完整的一套房（不与房东共住）。然后，指定特定的周边环境、房东语言或便利设施。最后，你就可以在符合要求的列表与评价中挑选。

许多房客完全根据评论来选择预订。当你到达时，会先和房东见面，拿到钥匙，得到关于房屋和周边设施的使用建议。在你离开后，爱彼迎会邀请你留下对房东和房屋的评价，然后你的支付款项会转移到房东账户。

爱彼迎让房东能够通过已有房产来获得额外收入。它用了很多努力来确保房屋信息的质量，给房东提供一个有效的系统来管理交易的方方面面，从预订、房屋资料到房客支付确认与保险。

像优步一样，爱彼迎承受着来自它正在摧毁的行业的压力。监管者已经敲响了出租个人房屋获得收益的合法性的警钟，尤其是在纽约这样的城市，曾经的既得利益者形成了反爱彼迎团体，开展了对抗宣传运动。作为回应，爱彼迎现在开始与市政合作，以确保经营完全合法。同时，市场上也出现了一些竞争公司，尽管它们远没有爱彼迎知名与成功。

爱彼迎也已经筹集到了8亿美元资金，公司如今市值为200亿美元。现在，它所提供的住宿选择比世界上任何一家宾馆连锁都要多。就像优步，它相对于传统对手的优势相当明显：

- 查找和登记房屋对房东和房客都十分容易。
- 根据是否能够入住，非常容易筛选房屋。
- 支付过程很简单。
- 它具有全球性，你能够在190个国家预订房间。
- 只需轻点鼠标，房东就能够预约一位摄影师来为房屋拍下光线最佳的照片。
- 房客的身份证明很容易就能查证。
- 房客与房东都能够看到和撰写详细的评价。
- 房东很容易就能获得保险。

回到优步：结论

- 短短 6 年，优步的市值就超过了目前其他任何由风投支持的个人公司。这家公司在一年时间内，从一大批一流的风险投资家那里筹集到了超过 30 亿美元。

- 截止到 2015 年 1 月，仅仅在美国，优步就拥有大约 160,000 名活跃的司机。数据表明，除非他们的平均税后成本超过每小时 6 美元（用于支付汽油、折旧和保险），否则他们每小时的净收入就已经超过了全职工作的出租车司机与汽车司机。[10]

- 早期证据表明，优步也许能够在开展业务的 250 个城市中的大多数地方，将出租车市场扩大 10 倍甚至更多。

关键点

1. 像价格简化一样，命题简化能够大幅度地扩大市场。价格使更多人能够买得起某个产品，一个更好的定位则使得人们使用某个产品的频率提高。

2. 如果你是一名强大的命题简化者，你就能够创造口耳相传的引荐来源，即使并没有花多少钱用于获取顾客，也能实现爆炸式增长。如果你是第一个或最快的行动者，在网络时代的铁律下，你就能通过提供最佳服务获取巨大的好处，并且形成阻挡对手的强大壁垒。快速行动的另一个重要好处就是，它让你能够在最具吸引力的时期筹集到绵延不断的资金，也就是最高的估值。因此，速度能够巩固良性循环。

3. 如果产品或服务容易被模仿，就要围绕它创建一个商业系统，作为阻挡对手的壁垒，这一点对于长期的成功至关重要。在优步的案例中，用户能在美国所有城市以及世界上大部分其他主要城市使用这一服务，正是优步的一大优势。

4. 网络效应、规模经济和其他基于数量的经济"商品"，会创造并激化竞争态势。如果你身处这些市场之一，务必成为领先企业，而且你必须真的动作很快。如果可以的话，尽早摧毁或边缘化你的对手。

5. "经济商品"不会随着时间变化而变化，这一点也适用于商业系统的组成部分。但平台科技一直在变化。新的使能科技(enabling technology)往往指示着下一波创新将会诞生于何处。

接下来我们就将邀请你思考，你和你的公司究竟应该成为价格简化者还是命题简化者。但是首先，我们还要再考虑一下这两种策略的本质，以及为了在市场引发地震式的效应，每一种策略需要做出怎样的权衡取舍。

第 7 章

两种策略与它们的权衡取舍

> 我不会认为与复杂性相对的简单性是微不足道的;我愿意付出所有代价经历复杂,获得简单。
> ——奥利弗·温德尔·霍姆斯(Oliver Wendell Holmes)

前面提到的这两种简化策略十分不同。这些不同体现在你需要做什么才能实现它们,你的目标是什么,以及你的成功将得到怎样的回报。通过对比与对照,我们可以开始思考,在其他任何人想到同样的主意之前,你和你的公司有能力实施哪一种。但是,这两种策略也有一些相同之处。它们的核心都是对权衡取舍富有想象力的运用,植根于一个独特的商业系统,以此来胜过竞争对手,以及提供能够在目标市场热销的产品。

我们已经知道，转变市场有两种"自然状态"：

- 价格简化：创造一个大规模市场。通过简化，使得产品或者服务大幅降价。简化让产品更易生产，因此简化对于生产者来说最重要。生产者的利润不高，但收益却飞速增长。
- 命题简化：创造一个优质市场。通过简化，使得产品或者服务大幅度提升，给消费者带来使用上的愉悦感。简化让产品或者服务使用更加便捷，往往还更具实用性或者外观优美，因此简化对于用户来说最重要。生产者在收益与利润方面都有很高增长。和价格简化相比，市场的优质部分一般来说只是总体市场更小的一部分，尽管是在一些例子里，命题简化能够创造一个全新的大规模市场，就像智能手机一样。

我们能够以图表 1 来展示这两种策略。

在两种案例中，市场都扩大了，而大规模市场往往最终会比优质市场大上好几倍。但是另一方面，优质市场的利润也许会高上好几倍，因此无论采取哪种策略，绝对的利润机会和现金投资收益也许都会很高，并且大致上相同。唯一的例外，是像苹果的某些产品一样，命题简化者同样创造了一个大规模市场，从而使得财富大大增加，但这样的现象很罕见。

在这一层面，我们所寻求的是一种直接的、出于本能的直觉，来判断你和你的公司是否可以采取这两种策略之一；如果可以的话，

图表1 简化机会表

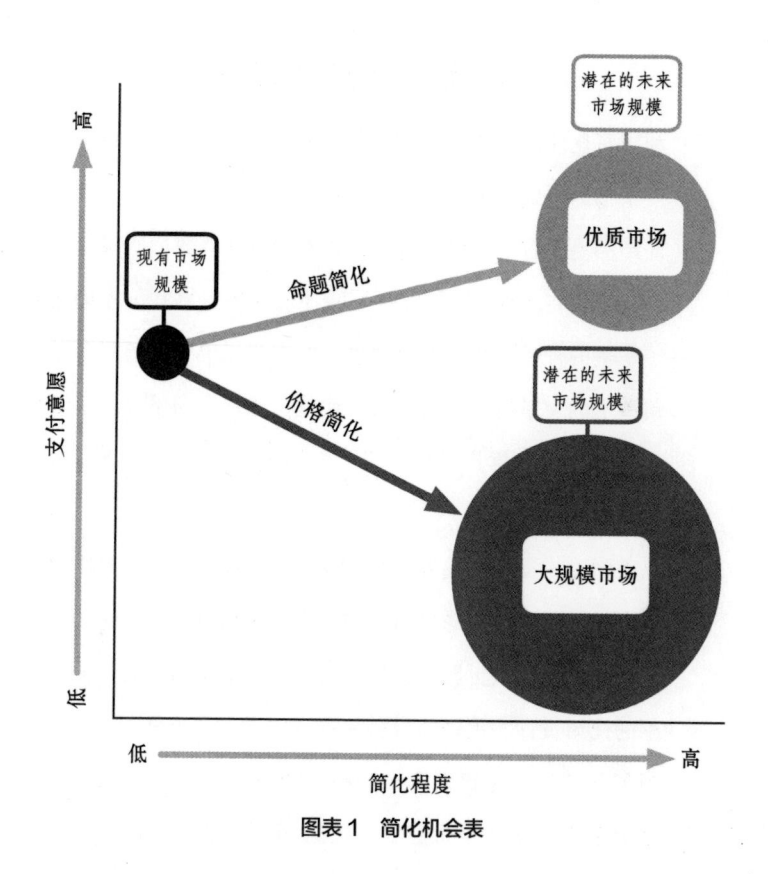

应该选择哪一种。市场大小和收益回报十分必要，但并不足以用来判断到底应该使用哪一种策略。（正如我们在下一章将看到的，还有其他非常重要的因素需要考虑。）但是，在某一环节，这两种简化策略之一必须能够激发你的兴奋点。描画出你想要的大成功，然后做出决定选择一个策略。

给价格简化者的三条箴言

1. 利用简化使制造和供应某样东西更便宜。并且必须始终把这一条作为主要目标。
2. 使产品更便宜的时候，通过简化，削减那些我们所说的"昂贵的效用"，即顾客可以接受的功能缺失。亨利·福特减少了车辆的种类、特点以及颜色。麦当劳兄弟省去了服务员和菜单上的大量选项。英瓦尔·坎普拉德提供了单一风格的家具，减少了每样产品的种类，并且通过自组装削减了相应的运输成本。
3. 只需增加一点成本或无须额外成本就能提供更大的效用。以便宜的效用来取代昂贵的效用。亨利·福特提供了一辆更易驾驶与养护，也更轻、更耐用的车。但他是通过无须额外成本的简单设计、更轻的材料和自动化生产系统来实现的。麦当劳兄弟提供了比起本地咖啡店更好的汉堡与薯条，这是因为他们的销售量足够大，还采用了自动化生产，所以他们才能够将价格降至一半。宜家销售的家具不仅便宜，还设计精良，同时它还提供了娱乐区域和托儿所、便宜的餐厅，以及时不时针对儿童的娱乐节目，因此吸引了更多的客流，带来的实际效益于是抵消掉了这部分的成本。

决定哪些效用要被移除，哪些要被取代，你需要想象力，以及站在大众市场的顾客的角度来思考问题。分别思考一下这三个分类：

- 更好的使用便捷性。这在你所处的市场中意味着什么？
- 产品或服务具有更好的实用性。你怎样能够提供这样的产品和服务？
- 更好的艺术性，即任何使产品或服务充满吸引力却无法被归类于实用性或使用便捷性的因素。你现有的产品或服务缺少的是这个维度吗？

给命题简化者的两条箴言

1. 首要目标是通过简化让某种东西具有使用上的愉悦感，即首先利用更好的使用便捷性增加效用，然后再考虑更好的实用性以及/或艺术性。

本章开头，我们引用了美国最高法院法官奥利弗·温德尔·霍姆斯（Oliver Wendell Holmes）的话："我不会认为与复杂性相对的简单性是微不足道的；我愿意付出所有代价经历复杂，获得简单。"换言之，你必须经历大量复杂的工作，才能为顾客带来更好的简洁。

麦金塔完美地诠释了这句话。当麦金塔电脑在 1984 年发布的时候，它的伟大之处正是提供了一台可接近的现代个人电脑；和老式的那种必须编写代码才能使它运作的个人电脑相比，桌面的诞生使得操作对于用户而言更加简单。点击图标就能立刻打开文件，精确地按照屏幕显示的原样打印页面，流畅地滚动查看文件，这些都是在使用便捷性、实用性和艺术性方面的巨大突破。但是对用户来说的简单操作方式，对苹果来说却不是那么容易就能提供的。实际上，编写麦金塔软件的过程相当复杂。苹果的工程师历经千难万险，克服复杂，最终实现了简单。而它最大对手微软花费了两三年的时间才开发出了差强人意的 Windows 系统。

市场竞争最主要的是要弄明白最终结果将会如何。要达到最终目标，要么你得像施乐研究所的专家早在 1979 年所实现的那样，想象什么能使顾客生活更加简单，并实现巨大飞跃；要么你就要像史蒂夫·乔布斯一样，发现一个早期的雏形，并且意识到它的前进方向以及可以对它做怎样的改善。命题简化者的最终结果是给顾客带来简洁与实用的一次巨大飞跃。

2. 次要的目标则是利用简化使得产品的制造成本更低；或是至少保证额外实用性远远超过额外成本。

做出明智的权衡取舍

当开发新产品和商业系统时，设计者们往往需要做出权衡取舍，也就是说，他们必须从两种优势中做出选择，因为它们无法同时彻底地拥有两个。比如说，车辆设计师必须放弃动力来实现燃油效率，或者相反。你无法既拥有强劲的加速和动力，又能够用每加仑油行驶很长的距离。另一个常见的取舍，出现在高质量服务与低廉价格之间。比如说，出租车相对于公共巴士。此处的精妙艺术在于，吸引特定顾客群体的喜好并给他们提供真正想要的东西，和提供比其他任何产品档次更高的产品，你要在这两者之间做出权衡取舍。做出对你的公司和你的客户都有利的选择。

对于价格简化者来说，答案很明了。这一策略的中心目标始终是通过牺牲掉顾客认为不那么重要的部分，来达到非常低的价格，因为低价才是顾客最看重的。比如说，发明超市的人也许和目标顾客是这样说的："如果你愿意在我的大型商店里自己推车购物，自行挑选想要的商品并自己拿到收银台结账，我就会给你比本地杂货店低得多的价格。"同样的，想象一下，麦当劳兄弟可能说："如果你愿意排队等餐，接受种类有限的菜单，我们就能把汉堡的价格降低一半。"或者是英瓦尔·坎普拉德："如果你愿意自己开车到我们的巨大商店仓库来，根据指示逛我们的商店，经过那些你没打算买的商品陈列，自己挑选家具，并把它推到收银台结账，然后自己开车载回家，并且自己组装，我们就会以难以想象的低价给你提供时髦商品。"

然而，单纯大幅降价却不提供其他便利往往是不够的。即使是阿尔迪超市（Aldi）也在超低的价格外提供了大型停车场的便利，鼓励顾客成批大量地购买商品。狡猾的价格简化者往往用便宜实惠来取代被削减的昂贵环节。后者也包含了人力。这是与顾客的一个心照不宣的协议："自己做一些我们竞争对手的员工正在做的苦活儿，你就可以享受到超低的价格以及其他很多福利。"

在宜家,你能享受到精良的设计、让你的孩子开心的娱乐节目,以及一大堆能够立刻带回家的商品。在麦当劳,你能享受到超低价格、高质量的汉堡与薯条,快速高效的服务,愉悦的环境,儿童娱乐区域和光洁干净的洗手间。亚马逊则提供了无敌的低价,当你考虑到它的规模和极低的利润时,这样的低价也就不足为奇了,它还提供了一键下单服务、大量的产品评价和超快速的快递服务。

对于命题简化者,原则稍有些不明显,但同样正确。他们和自己更加富裕的顾客打交道,说服这些顾客为某种更好的东西付出更多的钱。要做到这件不可能之事,就必须走过实现简化的复杂过程。想想前面提到的例子:麦金塔的速度与直观;乘坐优步出租车的便捷与安心;向波士顿咨询公司或是贝恩公司寻求建议的首席执行官获得的远见和立竿见影的成果。

但是,权衡取舍的最高层次出现在当取舍并不是真正的取舍时,这被我们称为"良性取舍"。

良性取舍

如果你十分幸运,或是非常具有创造性,你将不必从两种好东西中进行选择,你可以用一些坏东西来换取好东西。

在第二次世界大战初期,显而易见所有参战国都会逐渐出现钢铁与其他金属的短缺。但是,英国有足够的木材供应……以及家具制造商。于是，杰弗里·德·哈维兰（Geoffrey de Havilland）设计出了一种几乎全部由木材制造的非常简单但速度很快的轰炸机，只需两人就能驾驶。原材料使得飞机比对手更轻，使它能够装置更小更简单的引擎。它的制造也更方便、更便宜。通过使用木材，去除保护性钢甲和防御性炮塔，德·哈维兰制造的"蚊子"每小时能够飞行超过 400 英里，比任何德国战机都要快，也因此不易被空袭损坏。人力与运作成本降低了一半，并且几乎没有死亡事故。德·哈维兰的简单设计公然站在了空军部的对立方面：当权者难以相信一架没有保护机枪和钢板装甲的轰炸机会是一个可行提案。

"蚊子"战机的天才之处在于，它超越了传统的对于重量与速度的取舍。飞机本身的保护措施越多（好处），它的速度就越慢（坏处）。在保护和速度之间的选择是一个逃不开的两难困境，但"蚊子"战机改变了这一切。因为没有敌机能赶得上它，所以它无须铁甲钢板。它甚至可以更轻巧。突然之间，就不再有取舍之说了，速度恰恰提供了保护。坐上"蚊子"战机，飞行员就同时拥有了无敌的速度和保护，这两者携手到来，创造了一个良性循环。这就像是德·哈维兰突然发现了如何使法拉利拥有宝马 Mini 的经济省油。

这一战机收获了巨大的成功。在 1943 年，纳粹德国空军总司令赫尔曼·戈林（Hermann Göring）承认："看见'蚊子'战机让我暴怒。我嫉妒得脸都发青。"[1]

良性取舍与普通的艰难抉择不同。如果你能做出良性取舍，你就能同时获得两种优势，而非一好一坏。这实在是创造性的简化，是一种胜过铁律的精巧。价格简化产品的"回馈"特性实际上都是伪装的良性取舍。比如说，如果一个私人艺术画廊给每一位进门的房客都提供一大杯高品质香槟，并且心知这会提供销量与利润，那么画廊就在分发香槟与获利之间实现了良性取舍。同样，宜家免费的娱乐区域带动了收益与利润的增长。这样的取舍也是良性的。为孩子准备的娱乐项目是真正的福利，但它的成本能够被更多的顾客带来的消费所覆盖。顾客与公司达成了双赢。

伦敦动物园一游

1935 年，出版商艾伦·莱恩（Allen Lane）在埃克塞特火车站等车，他本想找一本便宜的好书来打发回伦敦的漫长旅途，却没有找到。他开始思考，并得到了一个结论，那就是他应该进行价格简化。

莱恩希望精装书的质量能与平装书的低价相结合。当时，平装书基本都是对旧书的重印，作者也基本上已经过世，并且平装书为了节约成本而制作粗劣。相反，精装书则过于昂贵，大多数工薪阶层都消费不起。莱恩想，如果能够将价格降到 6 便士（按照今天的价格来看大概是 1.5 英镑或是 2.25 美元，即使是 Kindle 电子书也很少能低到这个价格），他就能够吸引普通人买书，而不是去公共图书馆借书了，也就能创造一个新的大规模市场。要做到这一点，主要的问题是降低高质量当代小说昂贵的版权费用。用纸封面代替硬皮封面能够省下一些钱，但远远不够将价格减少 90%。莱恩的下一步则要说服所有人，包括作者、拥有版权的出版商、书店和他自己的公司（企鹅公司），接受更低的利润。作者最初的抗拒正如乔治·奥威尔所说的："作为一名读者，我为企鹅图书鼓掌喝彩；作为一名作者，我只想诅咒他们。"[2] 通过将公司从昂贵的伦敦中心区搬到当时的米德尔塞克斯郊区，也就是哈默兹沃斯（如今可以看得见希思罗机场），以此来进一步降低成本，他花了 2,000 英镑买下了这块地，另花了 200 英镑买下了种植在这块地上的卷心菜花。但节省的成本仍然不够降低书的价格。

莱恩需要一种全新方式，最终他找到了一个从未有人想到过的方式。他的伟大设想是在非传统市场中销售企鹅的书籍，尤其是报刊亭——他在埃克塞特火车站的报刊亭没有找到一本质优价廉的图书——还有百货店。最初的突破来自伍尔沃斯百货商店同意寄售 100,000 册企鹅的书籍。莱恩的书籍立刻就比其他出版商的出现在更多的商店销售，因此他可以定下更大的印数，从而减少单位成本。当时流行的精装书首印大概是 5,000 册，然而企鹅的印数则达到了 20,000 册。这意味着莱恩终于能够实现每本书 6 便士的目标，因为生产成本大幅度降低。莱恩将他的书单压缩到只有 10 种，然后将这整套书卖给了销售商店，而非只是单独销售一本书。

应该说，艾伦·莱恩发明了一个全新的出版商业系统，一个基于分销所达到的前所未有的大规模市场。对于顾客的主要优势就是价格仅仅是同样的精装书的十分之一，但质量依然有保障。作者名单也是一流的。莱恩最初选择的 10 本书都是行业内顶尖的畅销小说家的作品，包括阿加莎·克里斯蒂（Agatha Christie）、厄内斯特·海明威（Ernest Hemingway）、安德烈·莫鲁瓦（Andre Maurois）、康普顿·麦肯齐（Compton Mackenzie）、贝弗利·尼科尔斯（Beverley Nichols）和玛丽·韦布（Mary Webb）。统一的封面设计十分夺人眼球：书名位于白色条带中间，旁边是两种颜色的边界，普通小说是橘色，犯罪类小说是绿色，还有在封面下方正中间的著名企鹅标志。这个企鹅标志是由一位19岁的新职员在去伦敦动物园的一次游览中画的。这一封面设计成为经典，而经过更新的企鹅标志到现在仍然被使用。和当时通行的便宜平装书不同，莱恩使用了质量较好的纸张和更好的装订方式，使平装书也能够长时间保留下来。企鹅广泛的分销网络也使得潜在读者更方便购买图书。

企鹅变革的核心是一个良性取舍。莱恩用书籍的内容重新定义了图书的质量，不再以封面材质来判断图书的好坏，以此避免了传统的在价格与质量之间的取舍。他意识到——以我们今天的话说——书籍是软件，而非硬件。基于有限的书单、全新的分销渠道和高印数，他建立了一个简单的系统，使生产价廉物美的图书成为可能。

但是要注意到，良性取舍的根源是需求的巨大扩张。要明白莱恩的远见或是说赌上这一把的深意，可以看看与之形成鲜明对比的乔治·奥威尔在当时论证充分的观念，即企鹅图书将会让人们减少花在书本上的钱：

企鹅图书只需6便士，这实在是太了不起了，其他出版商但凡有点意识都会联合起来反对和压制它们。当然，认为便宜的书籍对于图书贸易有利是极大的错误。比如说，如果你有5先令（现在大约价值15英镑或是22.5美元），而一本书的正常价格是半克朗（大概是今天的7.5英镑或是11.25美元），你很可能会花全部的5先令买两本书。但如果一本书只要6便士，你并不会因为价格便宜了就买10本，因为你并不想要10本那么多；你的饱和点远不到10本。也许你会买3本6便士的书，然后把5先令剩下的部分花在"电影院"。因此书籍越便宜，花在书本上的钱就越少。[3]

奥威尔的论证存在严重错误，他只考虑了富裕的购书者，也就是那些有5先令（这是一名普通工人的周工资）来买书籍或用于其他消遣的人。公认只能承担得起每本书6便士的价格，但是他们想拥有和富裕邻居一样多的书。因此，一旦莱恩能够将定价降到这样低的程度，数量庞大的工薪阶级和中下层阶级也就有生以来第一次成为了购书者。

就这么回事。一件值得拥有的东西，价格降到了原先的几十分之一，势必会创造一个广阔的新市场。更甚，市场的规模往往被低估，即使是乔治·奥威尔这样博学多识的观察者也会看走眼。其中就存在着对价格简化者来说绝佳的机会。

传统保守的思考方式永远无法让你实现良性取舍。你必须愿意通过横向思维或是新颖论证去创建通向良性的新路径。比如,"如果我们做了某件事,那么我们就能实现良性取舍。我们可以避开其他任何人认为不可避免的取舍,比如制作精良的畅销书和高价格之间的取舍"。

在你所处的市场中,你能够找到一种方式,在给重要的客户带来利益增长的同时,也能给你自己的供应商带来利益的增长吗?你能够看到下表中左栏与右栏的利益是否存在关联?(表中只是举例,利益的种类与数量远不止于此。)

客户利益	供应商利益
动力或性能升级	市场份额与规模增长
购买更方便	成本降低
使用更方便	利润提升
消费速率	运达速率
身处一个巨大网络的优势	身处一个巨大网络的优势
更低的价格	更低的成本
更高的标准	更高的顾客忠诚度和顾客黏性
更高的协调性	更低的招揽客户的成本
使顾客受益的自助服务	使供应商受益的自助服务
更轻便	
更便携	
新的顾客群体	

第一部分的关键点

1. 有两种可靠的策略能够实现简化,创造出一家经得起时间考验且极具吸引力的明星企业。然而,这两种策略十分不同。价格简化着眼于"制造简单",依靠极其低廉的价格来创造大规模市场。命题简化则让产品具有使用上的愉悦感、更容易使用、更具实用性和更具审美价值的外观。是时候开始考虑使用哪种策略能在你所处的市场中获得成功,以及你和/或你的公司是否能够构想与实施它了。

2. 价格简化者以便宜的客户效用取代昂贵的客户效用。

3. 命题简化者通过复杂的简化过程来简化设计复杂的产品或服务,直到它们真正实现使用便捷。

4. 这两种简化者都必须精于权衡取舍,并从中获得极高的性价比与高额利润。这一点可以通过对产品精明新颖的重新设计以及改变运送方式来实现。在你所处的市场中你能够如何做呢?

5. 理想的方式是找到"良性取舍"来取代一般的取舍,良性取舍能够让你拥有两项好特质而非一好一坏。新的良性取舍一直就在那里,等着被人发现。最好的良性取舍对顾客、公司来说都是好事,对竞争对手则是致命的。你的良性取舍会是什么呢?

结 论

我们希望上文已经给出了足够的例子,让你确信有两种诱人且可行的方式通过简化来创造一家有价值的新明星企业。如果你相信并且热衷于此，你必须决定哪一种策略更适用于你和你公司的市场机会和技能，并且还让你的竞争对手很难采用或复制。一旦你决定自己要选择的策略，接下来就要让它变得具体且细节详实，还要想好如何出色地实施它。你必须深入思考，你所处的市场，以及你现有和潜在的竞争对手的经济动态。你还要考虑成功简化需要什么。

简而言之，你必须知道你如何为自己的市场进行简化。

没有任何计划能不与敌人打照面。的确是这样。但你在行动前思考得越深入，你对其他简化者为什么会成功或是失败了解得更详细，你的项目就会越顺利，你对未来准备得更充分，你的即兴之作就会越灵敏，获得巨大成功的可能性就越大。

第二部分，我们将尽全力让你为这场战斗做好准备。

第二部分

如何简化

在第二部分，我们将通过说明两种策略分别需要怎么做，来详细阐述如何简化。和第一部分一样，我们将会把成功（或不成功）的简化者的过往事迹，与我们从案例分析和两种策略最实用的原则中得来的教训和经验法则融合在一起。

第二部分将有更多本质内容，我们的第一个案例本田，正是一个具有启发性的缩影，展示了完全不恰当的策略如何通过"与敌人接触"，即面对不利的市场和竞争对手，得到纠正。借鉴前车之鉴，我们希望你可以拥有远见，或至少对陷阱和如何在未来避开无法避免的障碍保持警觉。

和第一部分不同，在第二部分我们将改变顺序，先讲述如何命题简化，再说明如何价格简化，原因我们后面就会知道。但是，在我们阐释"如何做"之前，我们必须首先回答"选择哪一种"。价格简化和命题简化都是颠覆性的策略，但它们是互斥的。对你来说，哪一种是正确的呢？下一章我们将帮助你做出决定。

第 8 章

成为哪一种简化者？

> 现代工业从来不把某一生产过程的现存形式看成或当作最后的形式。因此，现代工业的技术基础是革命的。[1]
>
> ——卡尔·马克思

成为价格简化者还是命题简化者，这是一个问题。

以下 4 个问题将帮助你决定应该做哪一种简化者：

1. 你公司的态度，也就是它的政策与文化，使它更倾向于追求价格简化还是命题简化？
2. 是否已经有竞争对手占据了一个目标位置，或两个目标位置都被占据了？

3. 你能够找到解密其中任一目标位置的钥匙吗?
4. 你的公司是否有拥有那些具有必要技能的人来实施目标策略?如果没有,你知道应该如何、从哪里雇佣他们吗?

倾向测试

试着做一做接下来这几页上的测试。凭直觉给出你最先想到的回答,不要考虑太多。你的回答应该在 0 到 10 分之间,在每道题下面勾选合适的得分,看看你的公司此刻位于什么范围。在大多数题目下,答案要么直接是肯定的,要么直接是否定的,因此,尽可能选择 0 或者 10。只有当答案不明确的时候,再选择中间的选项。请注意,有时候肯定答案出现在选项最左,有时候在最右(当然,否定答案的位置也同样有时候在左,有时候在右)。你可以直接在书本上勾选,留下答案的永久记录;或者,如果你想保证书本的整洁,也可以复印这些测试。

1. 你相信你的公司或你的竞争对手能够将成本与价格降低 50% 以上吗?

   (a) 不相信
   (b) 相信

不相信（a）　　　　　　　　　　　　　　　　　　相信（b）

☐ ☐ ☐ ☐ ☐ ☐ ☐ ☐ ☐ ☐ ☐
0　1　2　3　4　5　6　7　8　9　10

2. 如果你再次从头做起，你会在哪一项看到更多潜力：

（a）使产品或是服务有使用上的愉悦感

（b）使产品或服务更简单以此来大幅度降低价格

(a)　　　　　　　　　　　　　　　　　　　　　(b)

☐ ☐ ☐ ☐ ☐ ☐ ☐ ☐ ☐ ☐ ☐
0　1　2　3　4　5　6　7　8　9　10

3. 你公司的营业毛利率是多少？（营业毛利率是 EBIT，即息税前利润，除以收入。）

a. 超过 25%

b. 11% ~ 25%

c. 小于等于 10%（包括亏损）

(a)　　　　　　　　(b)　　　　　　　　(c)

☐ ☐ ☐ ☐ ☐ ☐ ☐ ☐ ☐ ☐ ☐
0　1　2　3　4　5　6　7　8　9　10

4. 你的产品是目前市场上成本和价格最低的吗？

（a）不是

(b) 是

(a)　　　　　　　　　　　　　　　　　　　　　　　　(b)
□　□　□　□　□　□　□　□　□　□　□
0　1　2　3　4　5　6　7　8　9　10

5. 你的公司是否已经投资于最尖端的系统，来加速产品流与服务流，削减成本？

(a) 没有

(b) 有

(a)　　　　　　　　　　　　　　　　　　　　　　　　(b)
□　□　□　□　□　□　□　□　□　□　□
0　1　2　3　4　5　6　7　8　9　10

6. 你认为哪一项更重要，公司的营业毛利率还是现金投资回报率？

(a) 营业毛利率

(b) 现金投资回报率

(a)　　　　　　　　　　　　　　　　　　　　　　　　(b)
□　□　□　□　□　□　□　□　□　□　□
0　1　2　3　4　5　6　7　8　9　10

7. 当你进行真正的资本投资时，你设定的时间范围有多长？

a. 1～5 年

b. 6~10 年

c. 10 年以上

(a)   (b)   (c)

☐ ☐ ☐ ☐ ☐ ☐ ☐ ☐ ☐ ☐ ☐
0　1　2　3　4　5　6　7　8　9　10

8. 对于你的公司，收入增长有多重要？

（a）重要

（b）极其重要

(a)   (b)

☐ ☐ ☐ ☐ ☐ ☐ ☐ ☐ ☐ ☐ ☐
0　1　2　3　4　5　6　7　8　9　10

9. 你公司的创始人是：

（a）一名理想主义者，着迷于"无与伦比"的产品或是服务，让它们具有使用愉悦感，并能切实解决客户的问题

（b）节俭且吝啬

(a)   (b)

☐ ☐ ☐ ☐ ☐ ☐ ☐ ☐ ☐ ☐ ☐
0　1　2　3　4　5　6　7　8　9　10

10. 你公司的文化：

(a) 能人统治或精英管理，公司最上层5%的人对于公司成败具有决定性作用

(b) 平等主义，比如说，办公室空间和设施人人相同，强调团队合作，无预定停车

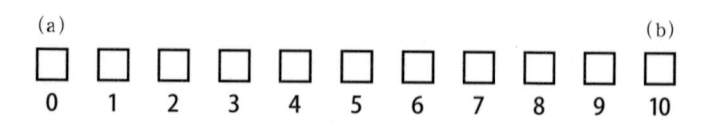

(a) ☐ ☐ ☐ ☐ ☐ ☐ ☐ ☐ ☐ ☐ ☐ (b)
　0　1　2　3　4　5　6　7　8　9　10

11. 你公司认为简化主要用于：

(a) 让产品或服务更好

(b) 让产品或服务更便宜

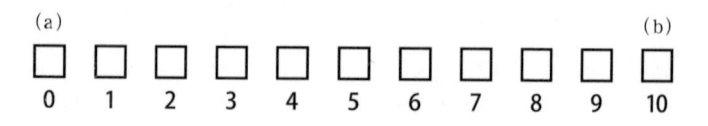

(a) ☐ ☐ ☐ ☐ ☐ ☐ ☐ ☐ ☐ ☐ ☐ (b)
　0　1　2　3　4　5　6　7　8　9　10

12. 对于你的公司而言，隐藏复杂性，使用户使用产品或服务更加方便这件事重要吗？

(a) 重要

(b) 不重要

（a）　　　　　　　　　　　　　　　　　　　　　（b）
☐　☐　☐　☐　☐　☐　☐　☐　☐　☐　☐
0　1　2　3　4　5　6　7　8　9　10

13. 对于你的公司而言，产品或服务的实用性、使用便捷性和美观的外观以及能够在情感吸引消费者很重要吗？

（a）重要

（b）不重要

（a）　　　　　　　　　　　　　　　　　　　　　（b）
☐　☐　☐　☐　☐　☐　☐　☐　☐　☐　☐
0　1　2　3　4　5　6　7　8　9　10

14. 产品或服务的价格是最重要的东西吗？

（a）不是

（b）是

（a）　　　　　　　　　　　　　　　　　　　　　（b）
☐　☐　☐　☐　☐　☐　☐　☐　☐　☐　☐
0　1　2　3　4　5　6　7　8　9　10

15. 你的公司认为，是成为整体市场的领导者更重要，还是成为一个愿意为产品付出更高价格的优质市场的领导者更重要？

（a）成为优质市场的领导者

（b）成为整体市场的领导者

```
(a)                                                              (b)
 □   □   □   □   □   □   □   □   □   □   □
 0   1   2   3   4   5   6   7   8   9   10
```

16. 你认为哪一项更重要，对于人力的投资，还是对于生产与配送系统的投资？

　　（a）对于人力的投资

　　（b）对于系统的投资，为顾客带来始终如一的质量，保持低成本

```
(a)                                                              (b)
 □   □   □   □   □   □   □   □   □   □   □
 0   1   2   3   4   5   6   7   8   9   10
```

17. 对于你的公司而言，持续不断的创新有多重要？

　　（a）极其重要

　　（b）选定商业系统更重要，之后再慢慢做出改进

```
(a)                                                              (b)
 □   □   □   □   □   □   □   □   □   □   □
 0   1   2   3   4   5   6   7   8   9   10
```

18. 对于你的公司，哪一项更重要？

　　（a）开发新计划

（b）使现有的商业系统流畅运作

(a)   (b)

☐ ☐ ☐ ☐ ☐ ☐ ☐ ☐ ☐ ☐ ☐
0   1   2   3   4   5   6   7   8   9   10

19. 在你的公司，是始终乐于进行改变，还是更倾向于每一次都把基本的事情做好？

（a）乐于改变

（b）做好基本的事情

(a)   (b)

☐ ☐ ☐ ☐ ☐ ☐ ☐ ☐ ☐ ☐ ☐
0   1   2   3   4   5   6   7   8   9   10

20. 以下哪一项更好地形容了你的公司？

a. 充满活力，天马行空

b. 高度自律，一板一眼

(a)   (b)

☐ ☐ ☐ ☐ ☐ ☐ ☐ ☐ ☐ ☐ ☐
0   1   2   3   4   5   6   7   8   9   10

21. 你的公司如何看待风险？

（a）即使可能无法得到回报，也能承担大的风险

(b) 只有适度的风险是可以接受的

(a) ☐ ☐ ☐ ☐ ☐ ☐ ☐ ☐ ☐ ☐ ☐ (b)
　 0 1 2 3 4 5 6 7 8 9 10

22. 你的公司旨在：

a. 用新事物吸引顾客

b. 用天天超值打动顾客

(a) ☐ ☐ ☐ ☐ ☐ ☐ ☐ ☐ ☐ ☐ ☐ (b)
　 0 1 2 3 4 5 6 7 8 9 10

23. 哪一项更重要？

（a）设计产品或是服务

（b）设计支撑生产的商业系统和产品或服务配送系统

(a) ☐ ☐ ☐ ☐ ☐ ☐ ☐ ☐ ☐ ☐ ☐ (b)
　 0 1 2 3 4 5 6 7 8 9 10

24. 你的公司旨在提供一种无论在什么地方都用同样的方式提供的统一产品或服务吗？

（a）不是

(b) 是

(a)　　　　　　　　　　　　　　　　　　　　　　　　　　(b)
☐　☐　☐　☐　☐　☐　☐　☐　☐　☐　☐
0　1　2　3　4　5　6　7　8　9　10

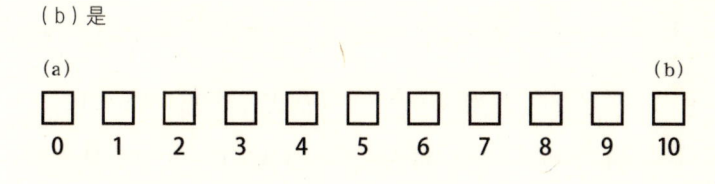

25. 你公司的一般支出（总体行政与销售支出，营销费用，产品开发，调研开发以及其他所有）处在什么水平？

(a) 高

(b) 低

(a)　　　　　　　　　　　　　　　　　　　　　　　　　　(b)
☐　☐　☐　☐　☐　☐　☐　☐　☐　☐　☐
0　1　2　3　4　5　6　7　8　9　10

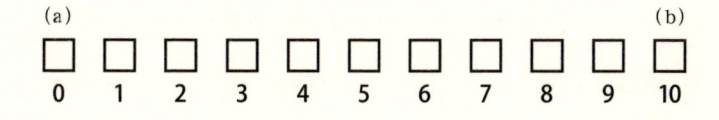

分数统计

把 25 道题的得分加起来，分数最小是 0，最大是 250。

你也许已经意识到，每道题下面的选项，左边的代表着典型的命题简化者，右边则是典型的价格简化者。因此，如果你已经勾选了前几页的问题回答，你也许一眼就能发现对于你的公司而言更好的策略是哪一种。

要得到一个更精确的分析，以下是对各分数段的解释与阐述：

0 ~ 30	你的公司非常适合命题简化，完全不适合价格简化。
31 ~ 50	你的公司适合命题简化，不适合价格简化。
51 ~ 99	你的公司略倾向于命题简化。但是如果想要进行命题简化，还需要改变某些政策。价格简化可能并不可行。
100 ~ 150	对两种策略都没有什么实质倾向性。这是一个红灯，两种策略可能对你的公司而言都不适合。
151 ~ 199	你的公司略倾向于价格简化。如果想进行价格简化，还需要改变某些政策。命题简化可能并不可行。
200 ~ 219	你的公司适合价格简化，不适合命题简化。
220 ~ 250	你的公司非常适合于价格简化，完全不适合命题简化的要素。

市场间隙测试

商业策略，尤其是涉及商学院的案例分析的时候，总是带着后见之明和粗线条框架写就的。它就像是一部老式惊悚片的情节，好人和坏人泾渭分明：好人总是会陷入可怕的困境，但他们知道自己在做什么，并且在故事走向高潮时显现出胜利的曙光。

但是，商业的运作并不像这样。好人往往并不清楚自己在做什么。他们尝试一种方式，发现它没有用时就转向其他策略，像这样不停更换，直到最终找到有用的为止。

关于这一现象有一个绝佳的例子，那就是20世纪六七十年代，标志性的摩托车制造商哈雷戴维森（Harley-Davidson）与后起之秀日本本田之间的竞争。我们知道，本田最终获得了胜利，因为他们进行了价格简化。他们成功将自己的比哈雷戴维森"稍逊一筹"、动力更弱、体积更小但价格却更具竞争力的摩托车推向了市场。根据波士顿咨询公司精心重构的历史来看，本田公司的胜利是因为采取了一种和哈雷完全不同的、成本更低的商业系统。1975年，英国贸易与工业部长托尼·本（Tony Benn）想要为英国境况不佳的摩托车行业寻求策略选择，于是牵头波士顿咨询公司进行咨询。日本公认的生产率远远高于英国，而且本田在生产小型引擎上的规模要大得多。这些反过来又依赖于一个大规模的国内摩托车市场，并且同样的引擎还用在割草机等其他设备上。本田首先推出的是排量为50cc的摩托车，然后逐渐发展，最终能够与最高端型号外的所有哈雷摩托车一较高下。它能够做到这一点，是因为它的成本更低，从而要价也低。[2]

作为对已发生事件的阐述，波士顿咨询的报告十分出色，写作水平一流，拥有基于精确数据的深入经济分析。然而作为历史，却是连篇空话。因为本田最开始的战略实际上是错误的，发现正确的战略纯属偶然。

本田"明白"它的小型50cc排量的轻便摩托车在美国并无市场，因此它没有想在美国售卖。毫不意外，公司的市场调研表明美国人喜欢重型、高速、动力足的摩托车……价格对他们来说相对没有那么重要。因此，本田决定设计和制造一款大型、高价的摩托车。然后，他们向洛杉矶派遣了3名员工去做销售。

这整个项目彻底失败了。绝大多数经销商甚至拒绝备置本田的摩托车。但是最糟糕的是本田员工终于尝试卖出去了好几百辆。本田对于制造能在高速上长距离行使的摩托车并无经验，事实很快表明它的新产品性能并不好，离合器容易出问题，漏油严重。本田将需要更换的零配件从日本空运到美国，但这样做的费用几乎让公司破产。

川岛喜八郎领导着在美国的三人销售和营销团队，但是这样的任务一点也不讨喜。一个周六，为了消除工作上的压力，他骑着从日本漂洋过海送来的排量为50cc的"小幼兽"到洛杉矶附近的小山丘兜风。隔周，他邀请同事共享这种兜风疗愈法。于是他们一起骑着小摩托在洛杉矶兜风。长话短说，这3辆小小的玩具式的摩托车受到人们关注，并大获赞美，许多人问去哪才能买到。这3名本田员工开始确信，他们可以将小幼兽卖给用来娱乐消遣的顾客，就像他们自己在周末骑摩托车出来享受休闲越野。日本总部对这个主意不屑一顾，他们仍然相信市场调研的结果，认为粗壮结实的美国人永远都不会买小型的日本摩托车。但是，在大型摩托策略惨败之后，出于完全的绝望，他们最终同意让川岛试试看。剩下的故事你已经知道了。小型摩托市场开始了腾飞，最初流行于休闲越野爱好者之间，然后被用于上下班和其他用途。美国摩托车市场从1959年的55万台增长至1975年的每年500万台，几乎完全是受本田的小型摩托车政策[3]的影响。随着公司销售量的增多，它开始能够进一步地降低成本与零售价格，使得市场出现爆炸式增长。

这一故事的寓意在于本田原本选择了错误的策略，瞄准了一个已经被拥有更好产品的竞争对手完全掌握的市场。相反，它应该通过价格简化瞄准一个空隙，并且在这个空隙层面已经拥有理想的产品。本田原本可以避免浪费这一大笔钱，免受这深切的沮丧，如果它在最开始就自问这样一个简单的问题："我们所瞄准的市场中是否已经有一个占统治地位的强劲对手？"如果答案是肯定的，就像在本案例中一样，是一个危险的信号。就有必要再问自己一个问题："我们能够进行简化，提供在实用性、使用便捷性和/或艺术性方面更加出色的产品吗？"除非答案是明确的"可以"，否则最好还是放弃整个项目。

每家公司都应该遵循两条决定规则：

- 如果市场领导者极具特征又表现极佳，很有竞争力，那么你就不应该试图挤进这个市场，除非你已经可以简化到能够提供使用更愉悦感的更好产品。
- 如果市场中有空隙，而且还没有公司占据价格简化的空间，而你能想出将价格降低一半的方式，那就勇敢去试吧。

1931年，查尔斯·古思（Charles Guth）买下了百事可乐公司。当时，他已经是一名成功的企业家了，但百事却只是一家空壳公司，只有一个商标一个配方，却没有销量。古思试图通过在洛夫特(Loft)，也就是他的连锁糖果店里售卖百事可乐，来为这个品牌注入生命力。但这并没有奏效。与此同时，可口可乐已经在可乐市场保持着完全的统治，即使在大萧条年代，它的销量与利润也依旧在增长。

古思意识到，他需要尝试新的方式。因此他进行了价格简化。他有效地使可乐价格减半，即只需5美分就能够购买一瓶12盎司的百事可乐，同样的钱只能买到一瓶6盎司的可口可乐。一则电台广告开始在全国宣传这一价格：

　　百事可乐正合你需求
　　满满12盎司大容量
　　只需五美分却有双倍的可乐
　　百事可乐，为你准备的饮料

这一新战略很精明，因为可乐的主要成本在于灌装和配送，而非原料，因此一瓶12盎司的可乐与一瓶6盎司可乐之间的成本差异很小。虽然制造和运输更大的瓶子确实成本更高一点，但远没有到两倍这么多。因此，百事的12盎司一瓶的可乐带给顾客的额外价值远远大于额外成本。

古思的商业系统相当基础，但却很有效。在不到4年的时间里，他建立了 5 家灌装工厂和 313 家特许装瓶商的网络，都在大量制造这种新式的大容量瓶子。其他软饮生产商的行动也都没有快到足以复制百事的战略。可口可乐并不打算在价格上大做文章，也没打算反击，虽然以它更大的经济规模和更低的成本，完全可以选择创造一个新的"竞争品牌"，模仿百事的战略也进行削价，从而轻易就能使百事破产。所以这是一个致命的决定。到 1940 年，在不到 10 年的时间里，百事已经占有整个美国软饮市场的 10.8%，大概是可口可乐的五分之一。转年，百事的税前利润达到 1,490 万美元，与市场领导者的 5,520 万美元相比起来也并不逊色。[4] 从一枝独秀到至今的二虎相争，这一切都从百事选择了被可口可乐所忽略的价格简化市场空隙开始。

但是，如果已经存在一个大规模市场，却还没有一个真正意义上的优质市场，又该如何呢？如果你能想到一个全新的战略，并且创建一个独特的新商业系统，那就占据这片市场空隙吧：

- 如果还没有任何一家公司是命题简化的领导者，而你能够通过简化带来更好的产品或是体验，那就勇敢上吧！

1921 年，通用汽车的老板皮埃尔·杜·庞特（Pierre du Pont），要求他的运营副总裁艾尔弗雷德·斯隆（Alfred Sloan）思考产品政策，并找出能与福特相匹敌的新战略。前景看来似乎并不乐观：福特居于统治地位，占据了 62% 的市场份额；而 GM 只有四分之一。

更甚者，它在成本与利润方面的劣势比这一份额展示的还要严重，因为它的销量分摊在5家各自为政的公司里，而它们之间的竞争就像通用汽车与福特的竞争一样激烈。

背负着这份不讨喜的任务，斯隆并没有打算与福特在我们称之为价格简化的空间展开竞争。相反，它将通用汽车置于命题简化空间。他定义了新的细分市场，并配套投放能够吸引目标客户的产品。他先给通用汽车旗下的5种不同型号的汽车分别设定了不同的定位和价格范围，消除了它们彼此之间的重复和争抢同类顾客的竞争。这不仅提高了通用汽车的利润，同时也为购买者简化了产品形象与角色。每一个型号都针对一类不同的购买者，即他（买车的基本都是男性）能付得起多少钱。入门级别的品牌是雪佛兰，它的定位是比福特T型车更好但也稍贵一些的替代品。往上是奥克兰（不久改名为庞蒂亚克）、别克、奥兹莫比尔，最高端的是顾客最向往的凯迪拉克。通用汽车还鼓励顾客用原有的通用车型以旧换新，换取更高级别的型号。

斯隆还推行了年度型号变化。"在新型号中出现的变化，必须要足够新颖和诱人，以创造出对新价值的需求。"他这样写道。他将这一行为定义为一种风格，也就是我们所定义的"艺术性"。"通用汽车的每一条汽车产品线所生产的汽车，都必须保留独特的外观，使得人们能够一眼就认出是雪佛兰，是庞蒂亚克，是奥兹莫比尔，是别克，还是凯迪拉克。"他在底特律成立一个新的"艺术与颜色部门"，并任命哈利·厄尔（Harley Earl）为部门主管，他曾经在好莱坞工作,为电影明星定制车身。更谦虚地说,斯隆希望顾客能够在使用汽车的过程中更愉悦,并且在某种程度上让汽车更能反映出顾客的个性。亨利·福特则与之相反,历史学家理查德·泰德罗(Richard Tedlow)这样说:"福特从没有为顾客的自我表达让步妥协……他强烈地认为人们应该满足于汽车的基本交通功能。"[5]

斯隆同时还使汽车更容易驾驶,提高了产品效用,加入了齿轮变速杆和减震器作为标准配置,这些都是福特T型号所没有的特征。[6]最后,他还为顾客与经销商提供贷款服务,来促进购买,通用汽车也是第一家提供这一服务的汽车生产商。当地经销商立刻团结起来,抛弃了节俭朴素的福特系统,而转向更加慷慨大方的通用汽车系统,使得通用汽车的经销商网络质量与数量大幅度增长。这对于通用汽车的以旧换新/以低换高政策来说尤其重要,这是依然只有一种基本车型的福特所无法效仿的。斯隆坚持不懈地与经销商联系,询问他们对于通用汽车的产品与计划的反馈以及顾客态度。他甚至还有一节改装成办公室的专用有轨电车,以使他和他的团队能够依次拜访城市里的每一个经销商。[7]

通过实行这些与福特完全相反的措施,通用汽车不仅占据了产品定位空间,还在1931年获得了整个市场的领导地位,并在此后的77年中始终保持着这一地位。它最终在2007年失去了领导地位,败于另一位命题简化者丰田。丰田就像通用汽车在几十年前所做的那样,提供了范围更简单、质量更高的产品。2008年,通用汽车旗下有9款不同的汽车定价均为25,500美元,而丰田则只有两种车型。[8]

因此，我们可以用一条规则重申经验之谈：

- 瞄准空隙，在其他任何人行动之前，与市场领导者采取完全不同的策略。

这将我们带到下一个测试。

钥匙测试

成功的简化者们往往能够找到一把或一串新钥匙，来解锁并改变一个市场。但是这些钥匙并不是来自于市场调研。相反，它们来自洞察力，常常是突然的灵光一闪，并且几乎总是发生在远离办公室的场所。我们写作此书的目的之一就是对洞察力进行简化与系统化。我们相信，通过学习过往的观念性突破，我们就有可能模仿它们并将它们置于新环境中。

我们的研究有一个显著发现，那就是在成功简化的故事中会反复出现某些特定的模式。虽然也许会有一把最初的用来开启想象力的钥匙，比如说英瓦尔·坎普拉德将桌子的四条腿拆下使它能够装在汽车后备厢里，麦当劳兄弟将工业流水线应用于他们的餐厅。往往就是这把钥匙又带来了第二把、第三把和第四把钥匙，最终就有了一串钥匙。

另一个发现是两种主要的简化方式的钥匙各不相同，但在同一种简化方式内的钥匙则是相似的。如果你仔细思考，这并不令人惊讶。就像是世人都说一本成功的小说只需7个基本情节，要实现价格简化的目标也只有少数一些方式；要实现与之相反的命题简化的目标，也只需要不同的另外一些方法。

价格简化的钥匙

价格简化的唯一目标就是降低至少一半的成本。在前面的案例分析中，我们已经介绍了一些实现这一目标的主要方法：

- 福特：减少产品种类，重新设计产品；引入新的生产系统（大规模投资与流水线的发明）；使用更高质量的材料。
- 宜家：重新设计产品；控制家具制造商；减少种类；建造大型商店；联合顾客（自我服务，自我运输，自我组装）。
- 麦当劳：减少种类；自动化；加速提供服务；联合顾客与连锁商；使用质量更好的原材料。
- 企鹅：减少种类；创造新的分销渠道；提高内容质量；减少企业日常支出；联合作者与其他出版商。
- 本田：减少种类；缩小产品；降低人力与主要部件（引擎）的成本。
- 百事可乐：以同样的价格提供两倍的产品；使用有效的广告宣传；引入新的分销系统；破坏市场领导者的价格保护伞。

这些主题，还会在我们之后将要讨论到的案例分析中反复出现。

命题简化的钥匙

命题简化者的目标是通过提高使用便捷性、实用性和艺术性，使产品或者服务具有使用上的愉悦感。到目前为止，我们已经介绍了一些案例，它们都包含了以下这些钥匙：

- 苹果麦金塔：创建高端客户群体；使产品对于用户来说更加直观；设计出用户友好、美观并且比现存所有产品都要更实用的设备。

- 优步：使通过新软件乘坐出租车的体验更加快速、友好和可靠，往往也更加便宜。

- 波士顿咨询公司：创造高端的"战略"产品（从"工时效率"概念引入以来的第一个新型咨询产品）；浓缩观念，使得制定策略变得难忘且有趣；选择一些原则，让任何经过适当训练的人都能够运用它们；在公司内部传播共享架构，以行动为先，对项目进行标准化。

- 贝恩咨询公司：创造新型的高端"CEO 服务"，联合首席执行官们，在客户公司增强利润提高的便捷性，增强咨询过程的实用性。

- 通用汽车：创建中高端市场的新的细分市场；每一种类都具有不同风格与外观，针对不同群体客户；通过品牌区分和新的年度模型提升顾客效用；引入新特征使得驾驶车辆更愉悦；通过提供贷款使经销商与顾客的购买更加方便。

如果你能看到一把钥匙，判断它是属于价格简化还是命题简化，至少能给你一丝线索，判断应该使用哪一种策略对你更好。

下面，我们做最后一项测试。

更好的技能测试

作为一名简化者要取得成功，你的公司必须具有符合市场要求的正确技能组合，但它同时还必须比任何现有或潜在的竞争对手在简化方面更胜一筹。对于公司来说，这是一项艰难的测试，公司很容易自欺欺人，或是遗漏一项它们并不掌握却为其他一些公司所拥有的重要技能。

回想 20 世纪八九十年代的个人电脑之争，直到今天我们仍然能够感受到这一竞争的影响，因为它大大削弱了两家企业巨头（IBM 和施乐），同时还促成了另一家公司（苹果）的崛起。而且，苹果可能是我们这个时代中最大且延续时间最长的成功故事了。

首先，让我们思考一下施乐身上发生了什么。施乐，或者更准确地说，施乐拆分出来的一家新公司，原本可以成为 20 世纪 80 年代以来世界上最有价值的公司。施乐帕克研究中心的计算机科学家们发明了现代个人电脑和其他许多东西。他们能够声称是他们开发了桌面与鼠标，他们也可以享受本应该属于他们的权力与荣光。试想一下，如果1979年在施乐帕克研究中心所看到的景象被深深打动的史蒂夫·乔布斯，决定和施乐同呼吸共命运，会发生什么。试想一下，如果这家总部位于纽约州的复印机公司的领导者在群体智慧的作用下决定收购苹果，会发生什么。他们原本用一小部分备用金就能完成这样一次收购。试想一下，如果施乐的老板获得了可靠的建议，如果他们合并了施乐帕克研究中心与苹果（它们无论地理位置上还是精神文化上都很相近），如果他们让乔布斯来主管"施乐苹果"，如果他们当时使它脱离施乐成为一家单独的上市公司，让乔布斯和他的伙伴们成为新公司的大股东，会发生什么。再试想一下，如果作为头号人物的乔布斯，同意聘请一位世界级别的首席执行官或是首席运营官来承担管理科技怪人的重任，而且这两位老板还相处和睦，又会发生什么。

对于世界本可以见证如何的精彩，我们还可以做很多想象。施乐的资金加上苹果与施乐帕克研究中心的专业技能，完全可以带来绝妙的第二代个人电脑，具备完整的桌面、鼠标、流畅的滚动体验和较长的续航时间，而不是等待20世纪80年代末由麦金塔来完成这一壮举，它本应早在1981年或1982年就实现。并且，如果真的在更早的时候就研发出了更完美的个人电脑，乔布斯也绝不会被赶出苹果，"施乐苹果"也绝不会被牛顿系列产品搅乱，相反，它会在20世纪90年代就走向iPod、iPhone和iPad的美丽新世界，而非推迟到21世纪。硅谷的大部分顶尖人才肯定都会选择"施乐苹果"。

史蒂夫·乔布斯也将会成为世界上最富有的人，而不是比尔·盖茨。

然而，真正的历史却与之不同。就其自身而言，施乐帕克研究中心完全没能利用它自己的发现。原因有二。首先，这个研究单位的商业技能很弱甚至没有，而施乐其他的部门也没有商业技能。虽然原本可以引入出色的产品管理技巧，但一个不懂其中的必要性的总部是不可能这样做的，而它们也确实没这样做！20世纪，施乐总部可能比任何其他公司的总部所失去的股东价值都要多，因为它没能理解自己在加利福尼亚所拥有的潜在宝藏。

其次，也是最为深远的原因，是施乐帕克研究中心的工作人员没有像史蒂夫·乔布斯那样的简化精神。他们不理解使用便捷性的重要性。如果他们懂得，他们就会使鼠标使用起来更加方便，会改进流畅滚动的问题，也会以更快的速度商业化他们自己的"所见即所得"。他们也没有尽可能地使他们的机器更加实用，没能理解光洁外观与时髦设计的重要性。这是因为，他们从没有将电脑视为一件日常消费品。

简而言之，虽然施乐帕克研究中心的工程师们是聪明而具有开拓性的创新者，但他们并没有史蒂夫·乔布斯那样对于简单产品的远见。他们很轻松就能理解这种复杂性，甚至很享受他们每天与之打交道的复杂。相反，他们对简化没兴趣。他们反胜为败，因为比起简洁他们更喜欢复杂。任何人只要比较施乐之星与麦金塔，就会知道这是真的。前者笨重、设计过度、很难使用；而后者直观、优雅、一旦有足够的电量，使用起来将十分愉悦。

IBM又如何呢？它并不是天生的价格简化者。它的目标从不是为市场提供最便宜的个人电脑，甚至也不是最便宜的"高质量"电脑。它因为过高的日常支出而步履蹒跚。但它是一名命题简化者吗？或者说它原本能够成为一名命题简化者吗？

如果我们再次回到20世纪80年代，我们可以说IBM制定了个人电脑的标准，而且它是通过简化做到这点的。就像我们之前看到的一样，1981年IBM推出了个人电脑之后的两年时间内，它就占据了市场份额的四分之一，轻易将苹果2代甩在身后。然而，从1984年麦金塔出现开始，IBM显然就失去了命题简化的有利地位，因为苹果的操作系统使用起来实在是太方便了。IBM忙着和微软联合，推出了Windows系统，但它从此再也没有赶上苹果。的确，IBM在此后很多年中销量始终比苹果好，但苹果牢牢保住了优质市场，因此它的价值更高、盈利更强。与此同时，IBM每卖出一台个人电脑都是在赔钱。

IBM原本有两条路可走：要么制造出比麦金塔更优越的电脑（比如说更加实用、使用更方便、外观更漂亮），要么就卖最低价的电脑。但它哪样都没做。相反，它继续卡在中间，被顶尖的苹果和大众市场中的惠普、康柏与戴尔包抄。

但是真的有更好的选择吗？在优质市场，IBM只有通过先收购苹果，然后再进行"反向收购"才能获得成功，然后由小规模的苹果公司的领导者掌控庞然大物IBM的缰绳。这样的景象是不可能出现的。那么，大众市场又如何呢？当然，IBM原本可以坚持要求在那时还是一家依靠与IBM合作生存的小公司微软，不准将Windows软件授权给其他电脑制造商使用。但即便如此IBM仍将被高成本结构所限制，它拥有成功的销售能力但没有与之匹配的技术支持，并且它的顾客往往都只局限于一些大型和中型的公司。很难想象惠普、康柏、戴尔或是其他公司找不到避开软件使用问题的方法，它们也许可以支持微软的一个对手，然后通过向顾客直销来超越IBM，让IBM工资高昂的销售人员成为一种负债而非资产。

IBM的一条生路也许是在全世界范围内寻找成本最低的个人电脑制造商，然后将它的生产全部外包，关闭在美国的工厂，拆散销售团队，采取戴尔的直销模式。当然，如果这样的话，IBM也就不会成为IBM了。

以上概述的简化测试很明确地指出了IBM的中间路线从最开始就是没有希望的（在没有极端措施与彻底变革的情况下），因为它面对的是一个更加精于命题简化和多个更加精于价格简化的竞争对手。

因此，技能测试十分重要，尽管它对于管理者来说可能很难接受。在某些情况下，对变革的实施只能来源于持有不同意见的管理派别，或是来自坚持要求彻底改变的投资者。但是，技能测试必须被理解和广泛使用。在20世纪70年代晚期和80年代早期，没有人意识到IBM会失败。然而，如果它的老板们探寻了IBM是否比竞争对手们在任意一种简化策略上更有优势，他们就会看到这个不祥之兆。同样的分析也能用在当今世界价值最高的某些公司上，毫无疑问，它们中有一些也注定将会失败。

关 键 点

1. 做一下态度测试。看看你的公司是"天生的"价格简化者还是"天生"的命题简化者。
2. 间隙测试要求你思考,在你的市场是否已经存在价格简化者或命题简化者。如果你的公司的前进方向在市场中仍属空白,珍惜这块净土。如果它已经被人占据,则要小心。
3. 钥匙测试邀请你寻找一串可能开启简化机会的钥匙。最好的线索,也许就是和你同样类型的、已经取得成功的简化者们在其他市场中的所作所为。
4. 更好技能测试说明,要获得长远的成功,你的公司不仅要有足够的技能来实施这两种简化策略之一,更要比其他竞争者的技能程度更高。你认为你的公司满足这些条件吗?
5. 如果这些测试都指向同一个方向,那么你的策略就具有内部一致性,也就具有了意义。总而言之,这些都是很难通过的测试。如果你的公司没能通过,你必须研究怎样才能使它免受一名彻底的价格简化者或命题简化者的威胁。如果它的机会看起来比较渺茫,那你应该考虑换一家有好的简化机会的公司。如果你是一名投资者,不妨也这样做。

现在,你应该已经能够决定你的公司是成为价格简化者还是命题简化者。但是究竟怎样才能真正成为这两种简化者之一呢?接下来 3 章内容将给你答案。

第 9 章

如何进行命题简化？

你需要一种产品导向的文化。[1]

——史蒂夫·乔布斯

一位好出租车司机的技术也许比糟糕的司机要好上两三倍。但一位好的设计师则能够比糟糕的设计师好上一百倍甚至两百倍。[2]

——史蒂夫·乔布斯

好的设计，就是极尽简单的设计。

——迪特尔·拉姆斯（Dieter Rams）

产品设计几乎是命题简化的全部。目标就是让产品具有使用上的愉悦感：首要的是使用便捷性，如果可能的话，接下来就是更加实用和更具美感。

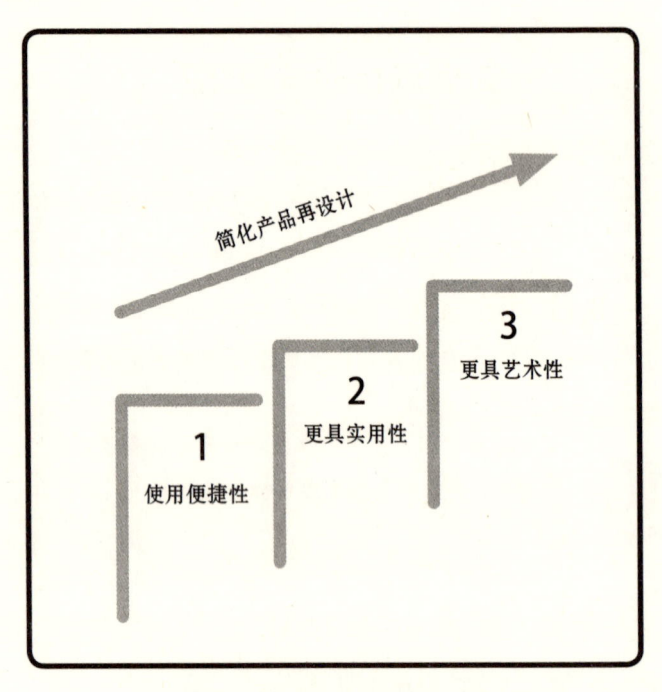

图表 2　开启定位革命的三个步骤

如果一样新产品或新服务比对手产品更实用、更美观，但没有让用户使用更便捷，那就并没有产生命题简化。这件产品也许很好，但本书观念对它并不适用。比如说，在 1963 年推出的保时捷 911，它为客户带来了不同于其他任何跑车的驾驶体验。它同时也堪称一件艺术品。但911并没有让驾驶变得简单；反而更加困难，因为它是后置引擎，重量分布也十分不寻常。它要求驾驶员具有相当的技巧。跑车迷也许会将这视为它的一种魅力，但也让它不能被归类到命题简化当中。和同类车相比，911的制造也并没有更简单或是成本更低，因此它也不是价格简化的例子。一般来说，对保时捷汽车或劳力士手表之类的奢侈品而言，简化既不必要，也不自然。奢侈品市场对价格并不敏感，而复杂性往往是奢侈品的魅力之一。

根据我们的定义，所有成功的命题简化的例子都包含着使用便捷性的提升。这一属性非常重要，能够带来更高的客户采用率，如果一样产品或服务使用便捷，就会有更多的人使用它。情况往往是这样，命题简化并不总是包括让产品更实用以及/或更加美观（虽然这是常态）。

第一步：使用便捷

最核心的第一步，即让用户体验更容易、更简单，是重中之重。它要求与用户感同身受，以及进行一项真正的简化任务。

你认为谁是更好的电子设备设计者？是在电脑上具有与生俱来的天赋的人吗？即使回到操作电脑需要真正技巧的时代，他们也能轻松应对。还是认为操作电脑极其困难的人？听听后者的说法：

上大学时我注意到我对电脑真的不行。我很确信我就是科技低能……但就在我学生生涯结束的时候，我发现了麦金塔。我还记得当时震惊于它的操作简单程度……我被它的用户体验过程中的人性关怀迷住了。我感觉自己通过它和设计者们有了联系。[3]

说这话的人是乔纳森·伊，一位伦敦银匠的儿子。他后来成了一名产品设计师，成为iMac、MacBook Air、iPod、iPhone、iPad和苹果手表背后的男人。如果仔细观察这些设备（以及我们在其他简化案例分析中的产品）是如何让设计变得更加便于使用的，我们可以看到5个主题：

- 删减；
- 更直观、更简单；
- 更快速；
- 更小／更轻／更易携带；
- 更易获取。

删　减

记住，史蒂夫·乔布斯曾经"通过删减按钮让设备更简单，通过删减功能让软件更简单，通过删减选项让界面更简单"。在设计麦金塔电脑的时候，他删减了所有功能键和光标箭头，而其他所有电脑制造商都认为这些特征是最基本的。用户被迫使用鼠标,但是一旦习惯了,他们很快意识到这种在屏幕上移动光标的方式要简洁得多。伊夫被乔布斯称之为"精神同伴"(spiritual partner),他在苹果最初的工作就是不断删减。"我们希望删减掉所有不必要的东西,"他这样说道,"我们一次又一次地不断回到原点,'我们需要这个部分吗?我们能让它具备其他四个部分的功能吗?'减少再减少变成了一项机械练习,但这更易于产品的塑造,也更易于我们开展工作。"[4]

直观与便捷

对于用户而言的简洁,背后是隐藏的复杂。伊夫说他旨在"解决极其困难的问题,并使最终的解决方案对用户而言是一种必然结果,且极其简单,这样你不会知道这件事原本有多困难了"。[5]

iPad 就是一个极好的例子。你在病患等候区或是飞机上是否看到过拿着 iPad 玩游戏、看动画的幼童?使用 iPad 简直就是轻而易举。在这台设备上,不允许出现使用障碍,也就不会让人有使用不来的沮丧,这正是它无法被复制的理由。

更快速

几乎所有的设备都在让使用变得更快速,但有一些的设备的速度比另一些更快——启动更快、操作更快、服务更快。仅仅靠着比对手的操作速度更快,产品和服务就能创造一个在未来数十年中都具有统治地位的新市场或利基市场。1948 年宝丽来首次推出一次成像相机，在此之后，宝丽来公司统治了市场40余年，单单在1978年就卖出了1,430万台相机。当然，最终它被数码相机所取代。

现在，AUTO1.com通过提供预付资金购买服务，让欧洲人能够快速便捷地卖掉自己的汽车，与此同时，车辆交易者们能够在数小时之内获悉库存情况。在二手车交易中引入迅速网络效率，使AUTO1.com成为欧洲发展最快的企业之一。

雀巢胶囊咖啡机Nespresso是另一个绝佳案例。它能够比同品质的其他竞争对手更快速地冲泡一杯高品质的咖啡，而且使用方便、时髦、清洗容易。

更小/更轻便/更易携带

1979年由盛田昭夫的索尼公司推出的随身听（Walkman），比任何其他卡式播放机都要便于使用，但它最大的优势是便携性。以前，人们要肩扛大型手提播放机在路上行走。随身听则减去了内置的扬声器，以录音功能和小小的耳机取而代之。索尼通过利用内部技术人员在微型化上的本领，使得制造一台能随身携带的轻薄设备成为可能。随身听能够播放磁带，比起竞争对手，尽管它更轻便更小巧，却拥有更好的音质。面对东芝（Toshiba）、爱华（Aiwa）和松下（Panasonic）的激烈竞争，直到20世纪90年代后期，索尼的产品都在它的细分市场中占据统治地位，且保持着高盈利。它的衰落是因为iPod和iTunes通过彻底改造并重塑了使用便捷性、小型化和便携性的优势。

更易获得

iTunes 让人们更容易购买音乐。你不再需要特意跑一趟音像店，而且人们有史以来第一次能够单独购买专辑中的某一首歌曲，用户可供选择的音乐范围也比任何一家音像店的库存都要多。声破天已经让这一过程更进一步，它让用户能够通过流媒体立即听到数以百万计的歌曲。

当然，让产品更易获得并不是一个新主意：正如我们前面提到的，在 20 世纪 20 年代，通用汽车就为想要以旧换新购买高价汽车的顾客提供了贷款服务。但是，现在我们有新的方式来使产品更方便易获得。和其他汽车租赁公司不同，成立于 2000 年的 Zipcar，让顾客能够按照小时来租车，并且自豪于自己整个租车过程的快速简便。它依托于会员制模式运营：一旦你成为会员，你就能通过会员卡或手机解锁车辆，在短短几秒内就能开走它。车辆都停在街边，比大部分车辆租赁办公室都要靠近顾客。艾维士·巴基特集团（Avis Budget Group）在 2014 年以 5 亿美元的价格收购了 Zipcar。

Wonga 在英国、欧洲、加拿大和南非提供"发薪日"借贷，它戏剧性且充满争议的成功所依托的基础，是它让合格的申请者能够更容易地拿到预付资金。Wonga 极大地简化了期限只有几周的短期贷款担保和偿还本金与（很高的）利息的整个过程。的确，监管者已经提出了反对意见，认为 Wonga 不仅利息过高，而且还让贷款太过容易。最近，英国等一些国家已经为这样的公司所能收取的利息设定了上限。

第二步：更实用

让产品或者服务更加实用，有五个方法：

- 使功能多样化，性能更佳；
- 提高质量；
- 在不影响使用便捷性的情况下，增加新功能；
- 提供范围更广的产品；[6]
- 个性化。

有一些命题简化者因为同时具备这五个条件而更加成功。比如说：

- 脸谱网为互联网提供了一个"社交操作系统"，旨在成为用户网上社交生活的中心。[7]我们可以认为，和人们保持联系与互动的传统方式相比，它满足了上面的5个条件，它在保证使用便捷性的同时，还在网站上提供了范围很广的活动。
- 就像20世纪20年代的通用汽车一样，TripAdvisor、谷歌搜索和优步也同时满足了这5个条件。

其他满足大部分条件的命题简化者企业：

- 波士顿咨询公司提供了一种原创新颖的决策制定框架，即著名的波士顿矩阵以及它所包含的现金牛、瘦狗、明星和问号等概念，它比之前的任何构想都要简单。它也更有力、质量更高，让一家公司能够操纵一种新能力（相对的市场份额），也让矩阵能够针对公司的确切情况进行个性化。

然而，在某些案例中，有那么一两种增强实用性的方式脱颖而出了：

- 星巴克的实用性，建立在它环境优良、方便朋友见面这一现状之上。你不会喝完饮品就被赶走，无线网络也是免费的。对了，他们还提供种类繁多的咖啡（尽管对于咖啡质量存在激烈的争论）。
- 索尼随身听因为它超群的音质而变得更加实用。除此之外，实用性的增强程度非常有限；而魅力最大的地方，就是我们前面所说的，便携性，以及由此而来的使用便捷性。

尽管大部分命题简化的例子里都存在更强的实用性，但是在某些案例中，它又根本毫无作用。比如说在 Wonga 和 Zipcar 的例子中，使用便捷性（尤其是获得产品的过程方便快捷）是最首要的优势；产品的基本效用（分别是短期贷款和租车）基本上没有什么变化。

图表 3 展示了特定公司与产品增强实用性的方式。它是否激发

	提高性能	提高质量	增加新功能	更多种类	个性化
通用汽车	●	●	●	●	●
半导体收音机	—	—	—	—	—
索尼数码相机	●	●	●		●
戴森无尘袋吸尘器	●	—	●	—	—
雀巢胶囊咖啡机		●		●	
任天堂 Wii	●		●		
麦金塔电脑	●	●	●	—	●
iPod	●	●	●		●
iPhone	●	●	●		●
iPad	●	●	●	—	●
谷歌搜索	●		●	●	●
谷歌地图	—	—	●	●	●
TripAdvisor		●	●	●	●
脸谱网	●		●	●	●
Wonga	—	—	—	—	—
索尼随身听	—	●	—	—	●
星巴克		●		●	
易贝	—	—	●	●	●
推特	—	—	●	●	●
波士顿咨询公司	●	●	●	—	●
贝恩咨询公司	●	●	—	—	●
优步	●	●	●	●	●
Zipcar	—	—	—	—	—

图表 3　一些命题简化者增强产品效用所采用的创新方式

了你对自己的产品或是服务的新想法呢？

在所有案例中，命题简化者的标志性特征就是，在不增加用户体验复杂性的情况下，增加实实在在的实用性。不仅如此，提高产品实用性的同时，往往还伴随着使用便捷性的增强。

第三步：更美观

回想一下，我们在前文将"艺术性"定义为增强了产品的吸引力，但又不能被归类为实用性或使用便捷性的东西。艺术性与产品或者服务的外观与质感有关，是产品与服务带给顾客的感觉，以及产品与服务如何将消费行为转化为一次愉快的体验。

史蒂夫·乔布斯比任何人都要明白这点。当制造苹果二代的时候，他从美膳雅（Cuisinart）在5年前推出的革命性食物料理机中获得了灵感。圆润透明的外形让这款食物料理机不仅实用，形态也十分美观。乔布斯不断向员工重申要让苹果电脑"看起来很友好"。几乎没有人能明白他的意思，但这正是他之于竞争对手的一个优势。很难想象 IBM 的设计师（尽管他们很能干）会理解"温暖而友好"的机器这一概念。乔布斯如是解释："我们实际是在争取达到现代艺术博物馆级别的艺术品质。"[8] 他要求这一原则要应用到看不到的部分上，比如主板："我希望它尽可能美丽，即使它在机箱里面。一名好的木匠永远不会用烂木头做壁橱的背面，即使没有人会看到它。"[9]

第一印象十分重要："当你打开 iPhone 或 iPad 的包装盒，我们希望第一触感能成为你看待这件商品的基调。"[10]

我们提到的命题简化案例，十之八九都包含了对产品结构艺术性的持续增强。最早的例子之一就是艾尔弗雷德·斯隆决定每年对通用汽车的车型进行改变，也是汽车行业第一次有人展示出对风格与时尚追求。"一辆汽车的外观，"他说，"是至关重要的一个因素……也许可以说是最重要的因素。"[11]

如今，类似谷歌、推特、声破天这样的互联网公司十分注重如何自我展示。2007 年，Myspace 的规模是脸谱网的 3 倍，当时《纽约时报》有一篇文章预言，后者"干净、统一的外观"和前者混乱的版面形成了鲜明对比。一名同时使用两者的用户表示他每天都要上脸谱网好几次，但基本不再登录 Myspace 账号了。他说："Myspace 太凌乱了，垃圾信息也很多。根本就不值得用。"[12]

艺术能够简化一件产品，也能够让一件产品更加复杂。你应该力求简化，力求一种不需要语言和其他表达的直接和直观。通过第一台麦金塔电脑桌面上的图标、iPod、iPhone 和 iPad 的触屏功能，我们见识到了艺术和科技的结合，它不仅使用户着迷，也使他们的生活更加方便充实。最好的简化艺术的重要性不仅在于其本身，也在于它在便利与实用方面带来的真切利益。

Vespa 摩托车展现了艺术和使用便捷性是如何无缝链接的。它问世于 1946 年，既是一件艺术品，也是一台非常实用的机器，它的设计主旨是让衣着考究的骑行者够轻松驾驭。穿着西装的男性和及踝裙的女性都能够在不影响昂贵衣装的情况下驾驶摩托。专利文献记载，这辆摩托车的架构中，"所有运行部件都有挡泥板和发动机罩"，因此能够"在不影响外观与美观的情况下，做到泥尘防护"。在1953年的电影《罗马假日》（Roman Holiday）中，奥黛丽·赫本就侧坐在格里高利·派克的Vespa上。在20世纪60年代，它依旧是时尚标志，因为披头士乐队而更加有名，并在费利尼（Fellini）的电影《甜蜜生活》（La Dolce Vita）中大放光彩。

另一件利用艺术来增强使用便捷性和实际价值的产品，是戴森（Dyson）无尘袋吸尘器。它比传统的吸尘器更好使用，因为它不需要替换尘袋。它通过已经获得专利的气旋分离科技来提高性能。同时，它还使简化艺术具象化，你可以看到吸尘的过程，从而让你意识到它正在正常运行。

因此，对任何企业来说，艺术性都是十分重要的部分，但它在不同产品上的体现非常不同。不过，无论它以何种方式出现，被要求创造新产品的"艺术家"和设计师们必须清楚地明白，他们的使命是进行简化，并且让产品具有使用上的愉悦感。因此，雇用你能够负担得起的最好的创意型人才，在委任他们之前，确保他们确实热爱你的产品。

价格简化或命题简化是免费服务吗？

将一项服务的价格降到零也许看上去像是价格简化的一种极端

形式。但是当然,价格为零往往是一种错觉。免费并不是真正的不要钱;免费是一种取舍。

关于这一现象,有两种常见的模型。一种是提供给顾客的服务确实是免费的,但供应者的商业模型是依靠广告获利。在这种情况下,供应者购买的是顾客的注意力,然后将这一注意力卖给第三方。脸谱网、推特这样的社交媒体公司,以及谷歌这样的搜索引擎,使用的就是这样的模型,虽然方式稍微有些不同。这是一种很古老的模型,可以追溯到新闻报纸、商业广播和电视出现的早期。

另一种模型,则是"免费增值"模型,即所有用户都能够享有免费的基本服务,但更高级的服务则需要付费获取。这一模型广泛出现在软件服务型商业模型中,从比如 Tinder 这样的交友网站,到 Dropbox 和声破天,再到新闻与杂志网站。大部分用户倾向于使用免费的基础服务,但成功的公司能够吸引到足够多的高级服务用户让公司盈利。当然,对于那些尝试过免费使用,然后决定为高级服务付费的人来说,"免费"就是一种错觉。

竞争的基础不是价格,而是定位。最成功的交友网站,肯定是向目标市场提供最具吸引力的服务的网站。最成功的搜索引擎,肯定是被最多的用户喜爱并采用的搜索引擎。而其中的帮手,就是我们的三个(不免费的)朋友:让服务在使用上更便捷,让服务更实用,让它看起来更美观。免费服务的规则和其他形式的命题简化的规则一模一样。服务对于特定群体的参与者可以是免费的,这一事实让它进入市场更加顺利,同时也能建立一个大型的、潜在的、宝贵网络，并且能够被打包卖给不同群体的顾客。

结 论

要进行命题简化，你需要提供比其他竞争对手都要更胜一筹的产品。评判标准有三条：使用更加便捷，产品更加实用，更能打动顾客。如果你能做到这些，就能享有高增长与高利润，而这将会带来现金流和公司价值的极大增长。当命题简化孕育出一个新的大规模市场时，就是中大奖的时刻。当史蒂夫·乔布斯在1997年回到苹果，重新开始命题简化时，公司价值为22.5亿美元。而在写作本书的时候，苹果的市值已经达到了7,420亿美元，是1997年的330倍还有多。

命题简化的阿喀琉斯之踵是它无法挡住模仿者，也无法挡住拥有独特的更具吸引力的产品的新命题简化者。命题简化是一件创新的苦差事，很少有公司能够坚持10年、20年。如今，突破性产品也许只能无忧无虑地流行5年，然后就会陷入倒退、被模仿，然后失去市场份额与利润。因此，即使是成功的命题简化者，即使它们曾实现了超高的市场价值，最终也会归于普通。问题在于防御性，更精确地说，是缺乏防御性。另一方面，正如我们在麦肯锡、波士顿咨询公司和贝恩咨询公司的案例中所看到的，命题简化可以带来差异微妙的竞争局势，也就是说几家公司可以分别占据它们各自的细分市场，同时还能保有巨大的利润，而局外人往往会将这些细分市场看作单独的市场（事实上却并不是）。

价格简化的运作方式则不同。它所产生的利润要低很多，但防御性却更强。这就是为何许多最成功的价格简化者能够维持许多年的最高地位。像麦当劳、宜家和廉价航空这样的价格简化者，能够稳定持续地增加市场份额，这都不稀奇。而且和许多命题简化者相比，它们的竞争力往往更有保证。原因就是，除了进行彻底的产品再设计，价格简化者还重新设计了整个商业系统，来保持低成本地位，因为竞争者很难挑战低成本，它也同时给企业建立了额外防护。在下一章中，我们将讲述价格简化是如何做到这一点的。

关 键 点

1. 命题简化的核心是对产品或服务进行完全的再设计。你的简化过程必须彻底，足以让产品更实用、更美观、使用更便捷。

2. 招数是提升使用便捷性，让产品在使用上具有愉悦感。实现这一目标的5个最好的方法如下：删去不必要的功能与组件；让使用更加直观；让运行更快速；让它更小、更轻、更好携带；让它更易获取。

3. 在不增加使用难度的前提下，让产品更实用；不能改善使用便捷性的效用增加毫无意义。

4. 艺术性——这一和用户的感情联系，是第三件武器。最好的艺术不仅使人印象深刻，还让产品更加直观。

5. 命题简化能够带来销量与利润的巨大增长，这样的增长也许会持续 10 年甚至更久。但最大的挑战，是要走在模仿者前面。利用新产品，享受市场领导地位，这样的安全时间范围在不断缩短，因此持续不断地创新对于保持成功必不可少。最大的危险，就是创新者的创意之源逐渐枯竭。

第 10 章

如何进行价格简化？

Ⅰ：产品再设计

> 我可以在30秒内告诉你经营这家航空公司的秘诀。那就是：我们是一家廉价航空。
>
> ——赫布·凯莱赫（Herb Kelleher）

你还记得只有两到三类乘客的全套服务航空吗？它们是当时跨洲旅行和国内出行的唯一选择。这套系统并不坏，但它复杂、昂贵且排外。只有富裕的人才能够坐飞机出行。有一个人永远地改变了这一系统。本章，我们将阐述他是如何做到这点的，并且探索如何给一种因为过于昂贵而将大部分人拒之门外的产品创造大规模市场。这一过程就包含了产品再设计。

市场与公司都有一个反复出现的模式。公司提供更好更多的产品，努力提升产品的性能，也同时增加产品与组织的复杂性，但是这样做却让许多顾客更难负担，或增加了顾客使用这一产品或服务的难度。一旦公司变得复杂，它们就与顾客拉开了距离，管理者们也就无法看到他们本应该做的事，结果产品甚至会变得更加精致和昂贵。然后，音乐戛然而止。有那么一两个新进入者决定进行简化，并大幅降低价格。他们提供的新产品或新服务从技术层面上讲往往没有那么好，但更简单，而且便宜得多（比竞争对手便宜50%～90%）。于是，需求量开始爆炸式增长，这一行业也发生了永久性改变。

　　航空公司是这一现象的完美例证。第一次世界大战后，商业航空公司开始出现，帝国航空（Imperial Airways）、英国海外航空（BOAC）和英国欧洲航空（BEA）——它们后来合并成为英国航空公司（British Airways），提供了贯穿全球的精致"轴辐式"航线网络。乘客仅凭一张机票就能飞到任何地方，而且行李也会直接送到最终目的地。乘客可以根据需求与目的地乘坐一系列不同的飞机，还有不同的舱位可供选择，顶级的舱位是提供盛在骨瓷盘中的丰富餐点和装在水晶杯中的香槟的奢华包间。航线数量和服务标准不断提升，但经营这一商业系统越来越复杂，也越来越昂贵。复杂程度增加必然需要收取更高的票价，而航空公司也的确这样做了，然而并没有哪家航空公司真的盈利，许多公司都遭受连年的巨大亏损。航空出行的大众市场依旧未能成形。

　　这一模式在1971年被猛然打破，赫布·凯莱赫在那一年创立了第一家廉价航空西南航空（Southwest Airline）。它经营着达拉斯、休斯敦和圣安东尼奥这些得克萨斯州城市之间的三角短途航线。[1] 西南航空如今在美国国内运送的乘客比其他任何航空公司都要多。[2]

那么，凯莱赫的成功秘诀是什么呢？

他通过彻底的产品再设计，进行了价格简化。

他宣称："我可以在30秒内告诉你运营这家航空公司的秘诀。那就是：我们是一家廉价航空。"后来，他又补充道："一旦你懂得了这一事实，你就能为这家公司的未来做出和我一样的选择。"[3]

这是凯莱赫的谦逊之言。他通过一些重要的方式对西南航空的产品进行了简化，包括：

- 只提供点对点航线；
- 只有一种舱位；
- 删减免费的茶点或是包间；
- 一个机型全部为波音737的航队，简化养护、调度和培训过程；
- 登机口的10分钟转机时间；
- 利用更小的二级机场，它们比主要的枢纽机场更便宜、更快速；
- 直接向顾客销售机票。

这一系统行之所以有效是因为低价带来的飞机满员，使得成本能够被削减到最低限度。

但是在凯莱赫的产品再设计背后，还有着更基本的东西。他让飞行自动，就跟亨利·福特让汽车生产自动化、英瓦尔·坎普拉德让家具行业自动化、麦当劳兄弟让汉堡制作自动化一样。这一点，我们将在下一章详细解释。

欧洲的廉价航空通过联合顾客来做一些诸如网上值机、自行携带行李、准时登机之类的工作，进一步简化了凯莱赫的模式。这也创造了为顾客和航空公司共享的高效节能。

但顾客是如何从这样的高效节能中获益的呢？答案很明显，是他们所付的价格：按照每英里来算，廉价航空往往比全价航空的经济舱要便宜至少一半，有时候甚至只有全价航空的十分之一。除此之外，因为快速的转机时间和利用小型机场，顾客常常也能从节省大量的时间中获益。

对顾客有效的东西，对廉价航空也同样有效。数十年来，航空行业因亏损和破产而声名狼藉，即使是幸存下来的航空公司也盈利甚少。然而，像西南航空、易捷航空（Easyjet）、瑞安航空（Ryanair）等规模较大的廉价航空公司，却都展现出了在收入、每股收益和股票市值方面的巨大增长。

然而，更加重要的是，航空简化让更多的人能够方便快捷地与朋友和家庭相聚。它缩短了全球距离，提高了用户体验，让数以亿计的出行者更有经验。最后，因为飞行比驾车要安全得多，甚至可以说廉价航空拯救了数千条生命。

如何触发一场价格革命？

正如我们所知道的，对于价格简化而言，价格就是一切。价格即为战略。其他都只是战术，即达到目标价格的方式。价格简化所依据的是，如果你降价一半，市场将会增长不止一倍（甚至很有可能是10倍或以上）。而且，如果你能够促成75%的价格削减，市场将会爆炸式增长。因此，从现在开始你所做的每件事，无论是正在考虑的事、计划中的事还是正在执行的事，都必须在心中牢记价格。除了目标，它必须成为燃烧在心中的痴迷。

即使有一个明确的价格目标，但直到你把它和你未来的顾客（即以前因为价格太贵而买不起的人）联系在一起，它才真正是脱离了抽象。通过进行价格简化，你就和那些原本想要购买却因买不起而望而却步的目标顾客站在了同一战线。要站在顾客的角度思考问题，适当降低产品的价格。

最高效、最成功的价格简化者将他们的所作所为视为一项使命，一场让原本负担不起的人至少享有一点好东西的改革。亨利·福特的目标是让汽车大众化，而他也的确这样做了。迈克尔·马克斯（Michael Marks）是一名逃离沙俄大屠杀的犹太难民；汤姆·斯潘塞（Tom Spencer）是他的英国同伴，两人着手提供工薪阶层能够负担得起的中档服装。他们努力的结果是玛莎百货（Mark & Spencer）成为了世界上最成功的零售商之一。赫布·凯莱赫旨在让飞行比驾车更便宜，来创造一个新的大规模市场，而他的两个目标都成功做到了。

如果你在考虑降价一半，也许还会接着再降一半，你也许会意识到，这不是"寻常的商业做法"。使用平常的方法是无法实现这一目标的。必须要有三个最根本的变化：

- 产品必须进行再设计，变得更简单更便宜。勾勒出你的目标顾客，即那些你希望去塑造并给予回报的人。
- 商业系统必须进行再设计，让产品的制造与配送更简单、更便宜，并让你的公司免受模仿者的威胁。
- 企业规模必须不断增长，也就是说销量必须尽可能快速和广泛地成倍增加，并且持续下去。

现在，我们来解释你怎样实现这一切。

我们仔细研究了最成功的价格简化者的战略，并将它们概括为9个步骤（见图表4）。第一步到第三步与产品再设计相关，第四步到第八步与商业系统再设计相关，第九步则是与企业规模增长相关。

我们在本章将讲述前三个步骤，剩下的六个步骤则会放在第11章介绍。

如何进行价格简化？Ⅰ：产品再设计

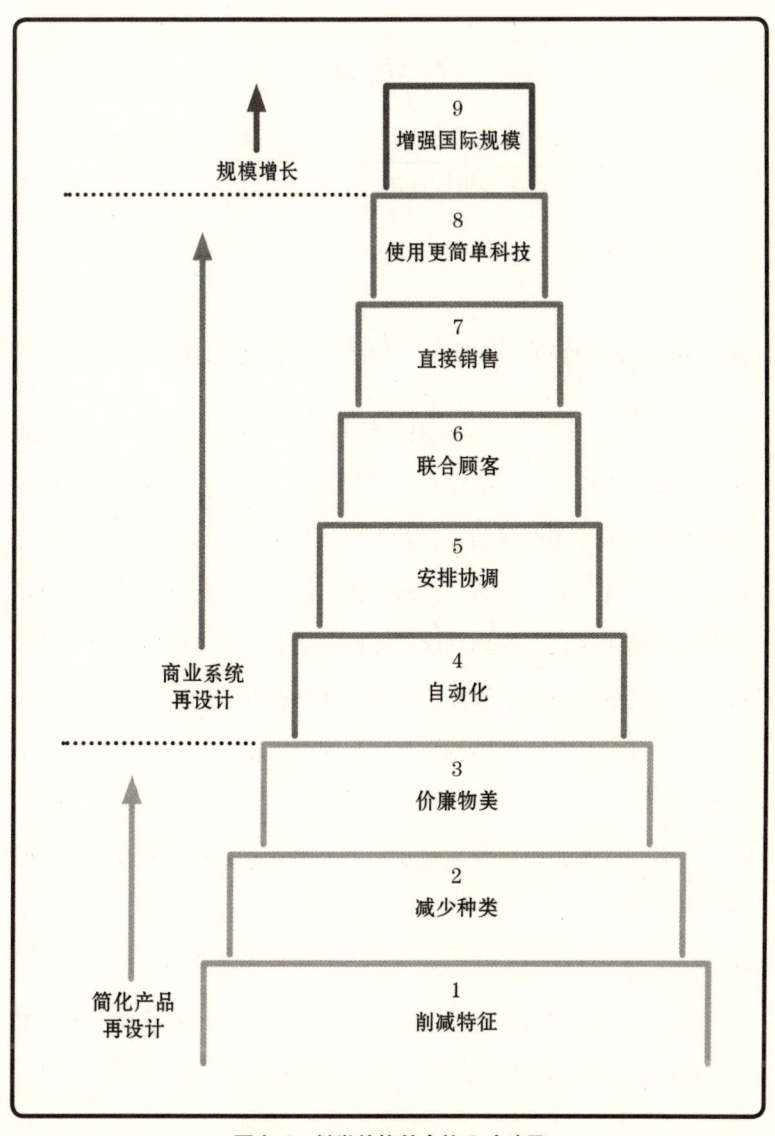

```
规模增长 ↑          ┌─────────────┐
                    │ 9 增强国际规模 │
- - - - - - - - - - └─────────────┘
                  ┌─────────────────┐
                  │ 8 使用更简单科技  │
         ↑        └─────────────────┘
                ┌───────────────────┐
                │   7 直接销售       │
                └───────────────────┘
              ┌─────────────────────┐
              │     6 联合顾客       │
              └─────────────────────┘
            ┌───────────────────────┐
            │       5 安排协调       │
  商业系统   └───────────────────────┘
   再设计  ┌─────────────────────────┐
          │         4 自动化         │
- - - - - └─────────────────────────┘
        ┌───────────────────────────┐
        │         3 价廉物美         │
        └───────────────────────────┘
      ↑ ┌─────────────────────────────┐
        │         2 减少种类           │
        └─────────────────────────────┘
  简化产品
   再设计  ┌─────────────────────────────┐
          │         1 削减特征           │
          └─────────────────────────────┘
```

图表 4 触发价格革命的 9 个步骤

产品再设计

> 几乎任何人都能提出一个想法。但真正有价值的,是将它发展为一件具体实用的商品。[4]
>
> ——亨利·福特

第一步:减少特征/性能,回归产品的核心功能

要开始价格革命,你必须找到核心,也就是一件产品所起的主要功能。在你的价格革命开始之前,能买到的大部分产品很可能都已经偏离了原本的目的,有着不止一个功能。比如说,飞机出行原本是为了比公路、铁路、海路更快。但很快,航空公司就用很多其他特征掩盖了这一实用功能。即使在早期宣传飞机出行的广告海报中,也是强调愉悦、浪漫、服务、食物和饮品,还有飞行的精密复杂,而非它的速度。愉悦本是实用的附加品,但不久它就掩盖了实用。

因此,在航空出行领域触发一场价格革命,需要回归基本,回到核心功能,也就是将顾客快速安全地从甲地送至乙地。这需要可靠的飞机和经验丰富的机组人员。除此之外不需要别的功能:不需要免费赠送的食品与饮品,不需要包间,不需要行李直送,不需要机场值机,不需要票务中介,不需要指定座位,也不需要昂贵的机场。

赫布·凯莱赫提供的是一个座位，而非一次愉悦的体验。这就是减去一切，回到原点的航空出行。正如他所说，西南航空"是一家廉价航空公司"。因此，他继续道，如果来自市场营销部门的特雷西建议在每一次飞行过程中提供美味的凯撒沙拉，你就必须问："这能让我们成为一家廉价航空吗？"答案显而易见。

这和亨利·福特的价格革命是一样的。在他之前的所有非商业性汽车都被视为卖给富有的爱好者的"享受型汽车"。福特则回到了汽车的基本功能，也就是快速的机动性。他戏称，市场调研是骗人的鬼话，因为如果询问民众他们的需求是什么，他们会说"一匹更快的马"。但这正是 T 型车所提供的功能。它不是一辆用来炫耀的汽车，也不是用来考验你驾驶技术的汽车，更没有发动机的轰鸣声和快速加速功能，但它的确让数以百万的民众能够实现从未想过的长途旅程。

在宜家，购买沙发或桌子不再是一种人生仪式，也不再是你脱离父母获得独立的信号。它只是单纯简单的现金交易。你不需要销售人员的建议，不想在沙发上上蹿下跳，不需要知道你是否能买到波尔卡圆点或棕色皮革的沙发。你购买它，只是因为你需要它。因为易贝，拍卖不再是上层人士的仪式，不再有谨慎小心的手势和相互竞价的刺激，而只是更便宜更快速地购买或销售商品的方式。在麦当劳，你并不需要种类繁多的食物、烛光、穿晚礼服的男士、友好的服务员，甚至都不需要一个能坐下来的位置。你只需要快速、可口、充实的一餐。浪漫早被抛至九霄云外；实际效用就是一切。

每一次价格革命,都会回到基本、回到经济、回到实用。如果你很明确一件产品的核心功能以及非核心功能,那么你就做好了进行产品再设计的准备。被所有人视为必不可少的很多特征或服务都会被放弃,因此会失去一些顾客。权衡取舍往往包括减少特征,以及让顾客获得尽可能低的价格。

删减所有对产品的实用性而言不是绝对必要的东西。这样做将使你只剩下核心功能。

对于一件实体产品,削减可以从两个方面入手:重量和尺寸。

削减重量

支出通常随重量增长而增加。20世纪的生活标准能够显著提高,大部分是因为重量的减少。经济史学家告诉我们,在美国和英国,构成2000年国民生产总值的所有商品的重量,和1900年的差不多。扣除物价因素,同样重量的产出,价值却提高了20倍。换言之,产品在20世纪进行了大瘦身,只需二十分之一的重量就能具备相同的价值。[5] 1900年的典型计时器是怀表,和现在的斯沃琪(Swatch)手表相比,非常笨重。后者更精准,并且要轻得多,价格也只是前者的几十分之一。对比1900年的金币和如今的纸币、信用卡或电子转账,钱也变轻了。

当生产者开始使用更轻的新型材料替代旧的材料(比如说福特的钒钢),当他们开发出全新的材料(比如塑料),当他们移除笨重的组件,当他们以软件取代硬件,产品也会变得更轻。

亨利·福特曾这样建议：

> 从选择一件合适的产品开始，然后……找一些办法来删减完全没用的部分。一只鞋、一条裙子、一座房屋、一个机械部件、一条铁路、一艘汽船、一架飞机，所有的物品都适用这一条。当我们减去无用的部分，并对必要的部分进行简化，我们同时也降低了制造成本。这个逻辑很简单，但很奇怪的是，通常的过程开始于降低生产成本，而非先简化产品。简化的过程必须先从产品开始。首先，我们需要确定，它是否做的那般好，它是否提供了尽可能好的服务？然后，材料是最好的还是只是最贵的？接下来，它的复杂性和重量是否能减少……许多贫穷都是源于承载了过多的重量。[6]

福特旨在让他的车尽可能的轻便，这将降低制造成本，降低驾驶成本，同时也能增强安全性：

> 因为福特，每一立方英寸的活塞位移只需带动7.95磅的力量。这就是……为何无论是沙土、泥泞、冰雪、涉水、爬坡、跨越旷野与没有路的平原，在你眼所能见的地方，福特车始终能"勇往直前"……一辆汽车越重，它所需要的燃料和润滑油就越多。[7]

终有一天，我们会发现进一步削减重量的新方法。比如说木材。对于某些特定用途，木头是我们已知的最好材料，但木材极易产生浪费。福特车内的木材包含了30磅的水。一定有更好的办法能够减轻这部分重量。[8]

削减尺寸

尺寸越大，支出也就越大。尺寸更大的产品需要更多的原材料，并且从拼装到运输过程中都要占据更大的空间，包括在工厂、仓库、商店，以及在最后运送到顾客手中的路途中。在过去数十年间尺寸减小的产品，毫无意外也是进行了价格降幅最大并且引爆需求的产品。这并不是巧合：电脑，手机，音乐播放器和其他电子设备，当然，还有最大的空间节省者——云科技。仔细寻找缩小产品尺寸，尤其是在运输过程中节省空间的所有可能的办法。（回想一下英瓦尔·坎普拉德的桌子腿和那些宜家马克杯。）

第二步：减少种类，创造一件通用产品

成功的简化者大幅减少了提供给顾客的产品种类，以降低成本与价格。理想的情况是，生产一种单独的"通用产品"，它不仅生产成本低，而且还有极高的知名度与规模：福特的T型汽车、苹果电脑、宜家浅色的松木家具、企鹅图书、本田小摩托、西南航空的单一舱位。

将许多不同的产品凝聚为几种或是一种，有着极大的经济优势：

库存大幅减少，更高的库存周转率，单种产品产量更高而采购成本更低、更低的营销与销售成本，更低的生产成本。除此之外，一件通用产品能作为一种异常现象脱颖而出，从而吸引更多注意力与尊重，减少了广告需求和国际扩张的成本，进而扩大了可见度和销量。

在进行产品再设计时，问问自己，"我们能够发明一种通用产品，或与之类似的东西吗？它能够带来更低的成本、拥有在全世界范围内吸人眼球的潜力吗？"价格简化者无一例外都是这样想的。想想雷·克罗克，他想让麦当劳的汉堡与薯条无论在何地都具有完全一样的外观和味道。简洁性孕育了统一性，而统一性需要简洁性。

许多"信息"产品，像是Dropbox、谷歌和声破天，都专注于实用的一个元素，通过互联网，以惊人的速度成为通用产品：我想要广播或小范围播送一个头条（推特）；我想要传送私人信息（Snapchat）；我想要知道附近有谁既有吸引力又对我感兴趣（Tinder）。从生产的角度看非常轻巧的软件，通过免费送出产品（大规模经销）以吸引优质（付费）客户或创造有价值的大群体客户的能力，作为辅助，这些都完善了交流的速度和便捷性。另外，越来越多地，当人们选择了一个沟通标准，网络效应创造一个可拓展的商业模型，它几乎能一夜之间就形成一个全球品牌。

第三步：增加便宜的便利

第三步，则是要提供让价格简化者花销甚少，却能为目标顾客带来切实价值的便利。通常，这些便利根本没有花费公司多少钱，考虑到被吸引来的额外客流和他们的支出，甚至可能还赚了。

前面，我们提到了好几个为顾客提供便宜的额外便利的价格简化者的例子。比如，宜家的免费停车场、儿童照看处和餐厅，它用这些取代被减去的昂贵便利，比如说组装好的家具和送货到家服务。这也许看起来就是一个简单的通过便宜的便利来取代昂贵便利，从而平衡资产负债表的例子，但实际上，这对宜家的好处远不止这一条。公司的这些显而易见的"赠品"，吸引了更多顾客进行购买，它们自身就增加了利润。所有促进销量的东西都具有极高的利润价值，而这往往抵消了提供这些服务的额外成本，甚至还可能反赚一笔。但是要小心，不要让产品或是商业系统更加复杂，避免任何可能会提高价格的举措。

如果可以的话，进行一项控制实验，在不同时间不同地点，来看你的基础服务或额外便利是否产生了更多净利润。

一旦你的产品被再设计，那么你就必须考虑如何对围绕它的商业系统进行再设计了，也要考虑如何使整个行业用更具效率的方式将你的简化产品送呈顾客眼前，以及如何胜过竞争对手了。这是一项更为大胆关键的任务，因为你的目标是要改变你的行业。我们将在下一章中阐述你要怎样做。

第 11 章

如何进行价格简化?

II：商业系统再设计和规模扩大

> 真正的成功，以价格降低为标志。[1]
>
> ——亨利·福特

正如我们在第 9 章所看到的，命题简化的开始和结束都伴随着产品再设计。我们也知道，产品再设计对于价格简化同样重要。但是，价格简化者还有比这更迷人更深远的使命。一旦产品被简化，它们就必须着手重塑整个商业系统，创造新的大规模市场。

在第 10 章中，我们讲述了成为价格简化者的前三步，这三个步骤都与产品再设计有关。但价格简化者还需要走得更远，要变革整个商业系统，要确保规模不断扩大，最终居于不可替代的统治地位。让我们回想一下全过程的 9 个步骤。

我们已经在第 10 章描述了前三个步骤。现在让我们来看看剩下的步骤。

重新设计商业系统，变革所处的行业

要重新设计商业系统，有 5 个步骤：

- 第四步：自动化；
- 第五步：安排协调；
- 第六步：联合顾客；
- 第七步：直接销售；
- 第八步：使用更简单的科技。

重新设计商业系统的时候采取全部 5 个步骤是比较罕见的现象。通常，以某个步骤为重中之重，其他的步骤虽然也很有意义，但处于次重要的位置。假定你选取了一两个有颠覆整个行业潜力的步骤，你可以完全跳过那些和你的企业没有关系的步骤。尽管如此，在我们大部分案例中，接下来的两步（第四步和第五步）被证明是至关重要的。

第四步：自动化

通过使用"自动化"这个词，我们想要表达的是你应该让产品

如何进行价格简化？Ⅱ：商业系统再设计和规模扩大 | 157

规模增长

9 增强国际规模
8 使用更简单科技
7 直接销售
6 联合顾客
5 安排协调
4 自动化

商业系统再设计

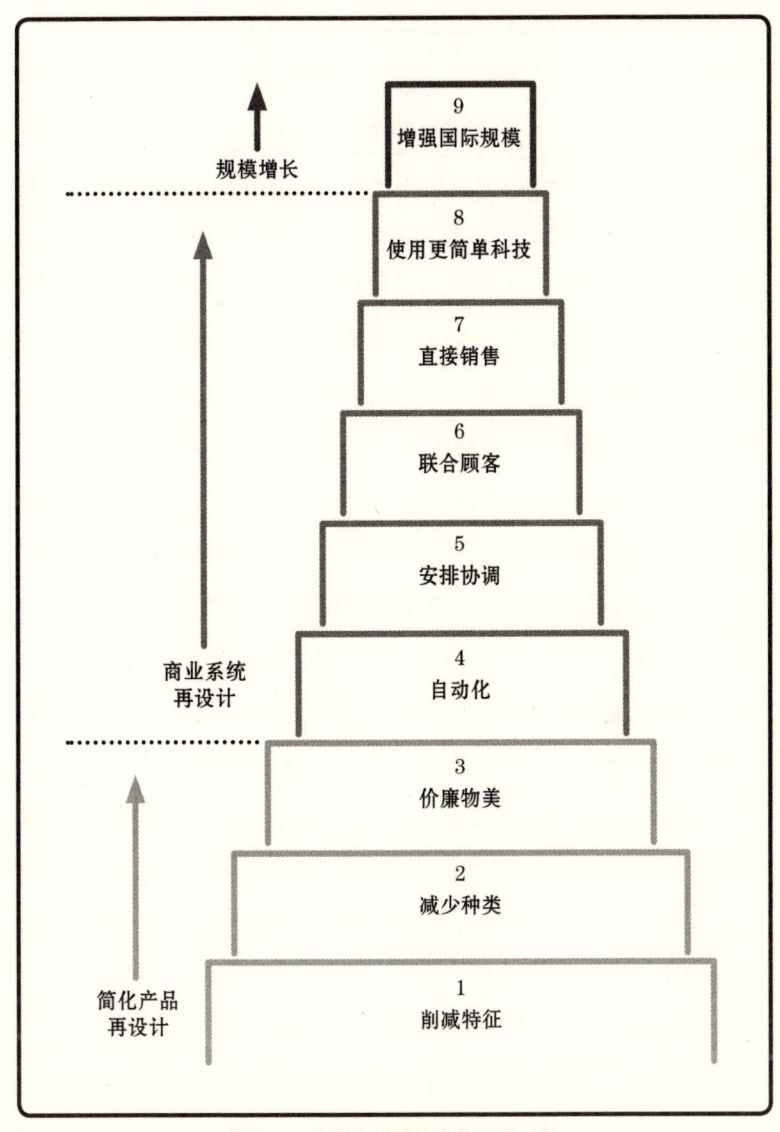

3 价廉物美
2 减少种类
1 削减特征

简化产品再设计

图表 5 成为价格简化者的 9 个步骤

或服务标准化,使它能够自动地被重复制造,带来资源需求下降、管理干预减少,让你能够在一以贯之地保证质量的同时,实现更大的规模。常见的主题就是成本大幅降低。但是,自动化有很多不同的形式,当一名企业家让之前被认为"不可能"自动化的东西开始了自动化生产,回报将非常可观。比如说,装配流水线让汽车自动化生产变成了可能,必发博彩交易使下注变得自动化,Tinder 使得寻找性伴侣的过程变得自动化,优步让打车的过程变得自动化。矛盾的是,使市场和商业系统自动化是极具创意的过程,而成功做到这一点的企业家都表示获得了智力(与经济)上的愉悦感。

要知道如何做到这一点,我们可以先思考一下亨利·福特是如何使汽车生产自动化的,因为他至今仍是一个值得所有价格简化者学习借鉴的最佳案例之一。"他的特点就是折中主义。"历史学家理查德·泰德罗(Richard Tedlow)如是说。[2] 福特必须进行实验,因为从没有人以那样大的规模制造汽车,在汽车行业,实际上在任何其他类似的行业,都没有能够效仿的大批量生产模式。[3]

福特以产品再设计开始,T 型车是他生产的第 9 种车型,而他也花费了 5 年时间来完善 T 型车。我们已经讲述了他是如何设计 T 型车,使得它耐用且便宜的,但我们还没提到他是以怎样的方式来进行设计,从而使它能够自动化生产的。1903 年,T 型车问世的五年前,福特告诉他的一名合作伙伴:"制造汽车的方法,就是要让它们彼此相同,让它们全部一致,让它们出厂时完全相同——就像针厂生产的每一根针都彼此相同。"[4]

他开始的价格目标是 600 美元，而最初（即 1909 年）他所能承受的最低定价是 950 美元，通过不断实验，他达到了自己的价格目标。在福特追求自动化的过程中有四个里程碑式的事件。首先，他建造了世界上最大工厂，位于海兰帕克，于 1910 年元旦开张。其次，他对生产过程进行了组织管理，因此工作人员能够按照规定顺序从一个工作台移动到另一个工作台。这一方式，加上规模效应的优势，在 1912 年之前，使得 T 型车的成本降到了 600 美元的价格目标。但福特仍然不满意。第三个里程碑按他的话来说，就是"将工作带到工人面前，而非让工人去寻找工作"[5]。通过一系列传送带、滚动带和重力滑动带，到 1913 年，除了底盘（最后一步）以外的所有制造过程都被搬上了流水线。生产线到来了，取代了分批生产。结果就是，价格再次被削减，降到了 550 美元。第四步和第五步就是福特将底盘组装也搬上了流水线。在此之前，组装每一台底盘都要 12 小时 28 分钟；而到 1914 年的春天，流水线将时间缩减到 1 小时 33 分钟。1914 年，T 型车的价格降至 490 美元；1916 年，价格只有 360 美元。

35 年后，麦当劳兄弟生出一个美妙的想法，将福特的移动流水线应用于生产汉堡与薯条。起先，没有人想到过将流水线系统用于服务行业。而这一次，标准化和工艺流程设计再次获得了非凡的成功；自动化再次成为可能，因为产品种类被严格限制并且完全标准化，每个汉堡都一模一样。到 1993 年，麦当劳已经卖出了 1,000 亿个完全相同的汉堡。

廉价航空尽管没有采用传统意义上的自动化，却通过简化产品和流程再造减少运转部件、压缩乘客选择、提供更加标准化的产品，从而实现了比它的竞争者全价航空低得多的成本。廉价航空的流程更像机械制造：更高的重复性、更少的变化、更少的例外。对比之下，传统航空公司使用了一个扩张型的、更加复杂的、轴辐式的系统，使得成本控制根本不可能。舱位选择繁多、运营政策经常变化、目的地繁多，对这样的服务进行简化是极其困难的任务。

如果你将产品或服务看成一件需要标准化的产品，极尽可能地使它自动化，那么几乎任何东西都能简化。如果航空出行和餐厅能被自动化，通过极低的价格创造出一个巨大的市场，那么其他行业应该同样也能做到。

机会存在于每一个还没有进行自动化的行业。

第五步：安排协调

宜家是安排协调的优秀案例。安排协调意味着通过夺取有利地位（即顾客们），将独立的参与者纳入你的新系统中，从而在幕后操纵整个行业。他们会从中获益，但你将获益更多。

在宜家出现之前，市场上的家具制造商大多数规模很小。同时，市场上还有零售商，规模同样很小。而顾客大都很迷惑，不知道去哪里购买他们想要的家具，还常常被昂贵的精良家具惊吓到。同时，作为物流服务提供者，市场上的运输公司往往处于家具行业之外，对它们来说，家具只是一项小业务。整个家具市场没有强势的品牌，没有协调一致,没有经济逻辑,价格很高,但利润却很低。

宜家为了顾客的最大利益以及也为了自身利益的最大化,提供了一个统一的方案。

这一商业系统近乎完美,因为:

- 它为乐于参与这一协调过程的顾客带来了惊人的经济利益。
- 零售规模和设计/品牌力量的结合,让制造者必须遵循它的规则。
- 一旦系统完全投入使用,就阻断了所有大型模仿者的路。宜家系统在某个国家的市场中也许可以被模仿,但达不到宜家这样的规模,任何模仿者都会被更高的成本和价格所摧毁。就像其他任何成功的商业系统一样,规模助长了它的力量,让它免于所有后来者的威胁。

戴尔电脑是另一名成功的协调者。它在20世纪90年代从康柏手中夺得了市场领导权,成为最成功的个人电脑提供商,并将这一地位持续保持到了2004年。迈克尔·戴尔(Michael Dell)的商业系统将协调与直接销售结合起来。它包括:

- 在亚洲寻找成本最低的电脑制造商,在不进行任何金融投资的情况下,控制并协调这些公司。
- 向公司和个人进行直销,起初是依靠电话直销,从1996年开始，通过戴尔的授权网站直销。这降低了成本，并让戴尔具有了极大的竞争优势。1999年，康柏输给价格更低的竞争对手，被夺走市场份额，此后也开始直接在互联网上进行销售，但它的零售商们迫使公司放弃了这一策略。

- 提供无限种配置方式，使顾客能够个性化自己的电脑：顾客可以直接给工厂打电话，告诉戴尔他们的偏好。这看上去似乎与我们提倡的标准化和尽可能减少种类的建议不符，但每一条规则都会有例外。根据订单行事让戴尔找到了低成本进行个性化生产的方式，从而避免了种类繁多带来的成本——积压的库存。

- 基于减少库存的短周期运营模式。在个人电脑行业，因为新机型总比老机型便宜，因此保持库存会带来巨大的成本风险。

- 拥有行业内最低的运营成本。2002年，戴尔的运营成本是总收益的10%。而它的主要竞争对手康柏和Gateway的运营成本超过50%。除此之外，戴尔无需外部资金的支持也能扩张，因为它是基于负的运营资本运作的，在它向供货商支付货款之前，能够先从顾客那里收到货款。

比起竞争者，戴尔的价格要低得多，净利润则明显高得多。这一模式，直到2005年都还有效，直到戴尔试图向上层市场转移，并且开始制造一些和价格简化策略并不相符的产品。

同样的动力也存在于当今两个最成功的行业协调者身上，即沃尔玛和亚马逊，他们都获益于规模与品牌的优势，以及更重要的因素——与大部分美国人之间的紧密顾客关系。它们拥有如此巨大的顾客数量，甚至能够迫使供货商将价格降至最低；而正因为价格被压低，它们又能够始终保有如此巨大的顾客数量。

第六步：联合顾客

宜家的商业系统具备三个要素：首先，是协调；其次，是自动化和联合顾客。宜家联合顾客的方式和麦当劳及廉价航空的方式很类似。他们和顾客之间有一个心照不宣的协定：由顾客承担一些本应由公司履行的职责，作为交换，公司会将价格降至顾客能够承受的程度。

正如我们之前说过的，宜家让顾客承担了最后的组装工作，而这原本构成了老系统成本中的一大部分。顾客通过使用产品目录，依据标识寻找所需商品，有效地承担起了楼层销售员的传统角色。然后，他们将东西拿到收银台，自己带回家，这在原本的系统中需要通过昂贵的仓库和货运公司。

在麦当劳，顾客承担了服务生、一部分厨房人员，甚至还有一些清洁人员的工作。通过参与这一系统，顾客享受到了比传统餐厅更低的价格和更快的服务；麦当劳也因此受益，因为它大幅降低了人力成本。除此之外，因为顾客接受了种类更少的菜单，麦当劳得以大批量购买原材料，更进一步降低了成本与价格。

当乘坐廉价航空出行时，顾客接受排队等待、适应紧凑的时间安排，使得登记更迅速、更准时。他们在网上购买机票并进行值机，做着原本由旅行社承担的工作。有时他们会自己携带行李（行李的尺寸与重量有严格的限制）上下飞机，节省了行李搬运工。他们同时还为餐食和饮品付费，并且接受了更小的活动空间和放腿空间。

汇总起来，这些妥协就形成了巨大的经济利益。顾客高兴地接受了它们，因为最终的结果是用超低的价格就能实现航空的首要功能，即将乘客甲地送往乙地。有时候，看起来似乎是乘客在为航空公司服务而不是相反，但这就是现代做生意的方式，而且同时为双方都带来了完美的经济利益。这再一次解释了为何对于廉价航空来说，低价和前所未有的增长率与利润能够共存。

联合顾客的公司，实际也是在安排协调他们。就像任何形式的协调一样，无需购置成本就能够享受垂直整合的利益。举个例子，宜家的顾客与送货到家服务同义。协调者就像一只无毒的善良蜘蛛，以主要技术为诱饵，欢迎所有供货商和顾客进入它的网络：供货商被大额货物需求量所吸引；顾客则被超低的价格所吸引。市场被重新定义，因为供货商和顾客彼此互补，并被吸引到了由协调者进行划分的共同空间中。

这样的交易会出现在交易所或是电子设备市场，比如易贝、纽约证券交易所和优步，以及数以百计蓬勃发展的其他网站上。买家与卖家是独立自主的个人，市场并不能以任何方式控制或拥有他们，但他们在协调系统中彼此吸引。

第七步：直接销售

直接销售不是新事物。它会根据科技变化阶段性成长。

19世纪初，售卖杂货的连锁商店还没有出现。但是随着铁路的出现，国内货物运输变得可能，即使在美国这么辽阔的国家。1874年，阿龙·蒙哥马利·沃德最先抓住这一新的运输系统的优势，通过邮购目录来售卖货物。在接下来10年间，最伟大的宣传和销售员理查德·W.西尔斯，被（高盛投资的）亨利·戈德曼（Henry Goldman）称为能够"卖出一口新鲜空气"[6]的人，进入了这一市场。但他走得更远，因为他的公司西尔斯·罗巴克愿意接受货到付款，并且提供了退款保证。通过提供比蒙哥马利·沃德更好的服务，以及比零售商店低四分之一的价格，西尔斯在1900年成为市场领导者。

西尔斯的新商业系统，基于提供最广泛的商品、从大大小小的生产商那里最大限度地购买货物，以及由西尔斯本人撰写的非凡优美的原版商品目录。有人曾问富兰克林·D.罗斯福（Franklin D. Roosevelt）如果有机会，他将会把哪本美国书籍送给所有俄罗斯人，罗斯福肯定地回答："西尔斯商品目录。"

正如理查德·泰德罗（Richard Tedlow）所说：

西尔斯所做的是"产品的降级"。有些产品可能之前只在特定地区销售，但西尔斯把它们带到了全国各地。还有一些产品可能是技术复杂且昂贵的机器，之前只卖给精英阶级，但西尔斯降低了价格，并将它们卖给了普罗大众。[7]

就像每一代人都相信是他们发明了性行为一样，每一代人也都相信是他们发明了直销，区别只在于后者比前者略微合理一些。新的科技带来了新的直销方式，从邮购服务到电话、传真（还记得传真吗？）、电邮（如果有选择性地像西尔斯那样注意传播质量，电邮依旧是最佳媒介之一）以及迄今为止最为简单、方便、成本低的网络，包括通过脸谱网、谷歌、易趣和其他社交媒体售卖商品。

但是需要小心：每一代新的直销方式并不一定会，或是说往往不会带来价格革命。价格革命的发生有两个必要条件：价格降低的幅度巨大且真实；商业系统必须是原创的，并且对有效竞争具有足够的抵抗力。所以价格革命非常罕见。

通过直销进行的价格简化，只有当以下三项条件中的至少两项得到满足时才可能生效：

- 没有成本高昂的中间商。
- 以某种方式或形式运用了新科技。
- 新商业的根源中有明智的简化方案。

让我们在三个案例分析的帮助下深入了解这一观念。

直线保险公司（Direct Line）

自1985年3名英国企业家共同创立直线保险公司以来，它彻底改变了汽车保险业务。首先，它抛弃了介于保险公司这一对风险进行承保的辛迪加和汽车拥有者之间的保险经纪人。因此节省了20%的成本。这是一个良好的开始，但并不够。

创始者们意识到，汽车保险市场对保险价格采取"统一定价"。因为要预测单个汽车驾驶人是否会出车祸是不可能的，所以每个人的保险都是同样的价格。但是，如果你知道琼斯太太远没有布莱克先生发生车祸的可能性大，又会怎样呢？如果你能够瞄准最不可能发生车祸的那20%的司机，你就能够只收取他们一半的保费，但仍然能够赚取可观的利润。

因此，有可能用这样的方式进行顾客区分吗？答案是肯定的。只要你通过电话（以及后来的网络）向个人直接报价。这就是直线公司的"直接"之处，用这一方法，不仅让公司比传统系统成本更低，还有额外利益。

但是，直线公司是如何能够预测到谁会是未来更安全的驾驶者呢？这就是科技进步最重要的地方。在20世纪六七十年代，只有价格在200万美元左右的大型计算机有能力做必要分析。但随着在80年代早期个人电脑的出现，突然之间，大概20,000美元就能够买到一台二手的大型计算机。直线保险公司购买了好几台，着手开始创造数据库，通过一些人口统计学指标，来估计任何一个人向公司索赔汽车保险的概率。只要这一系统建立并开始运作，打电话来询问的客户就能立刻得到他的报价，如果数据库判断他们的索赔风险小，保费就会比他们在任何其他地方获得的报价都要低。因此，对于合适的客户，这个新系统给出的报价就会特别便宜，同时也更快速、更方便。

尽管很多竞争者都在模仿直线保险公司，他的品牌力量和无可匹敌的最低价格，让它在25年中稳坐英国市场领导者的宝座。现在，它的运营地区还包括西班牙、德国、意大利和日本。

嘉信理财（Charles Schwab & Co）

1975年，嘉信理财成为世界上第一家折扣经纪商，并且将佣金率削减了80%。1982年，它成为第一家提供全天候订单输入和报价服务的经纪商。到2011年，这家公司拥有820万经济业务商客户，以及1.65万亿美元的资产。[8] 在写作本书的时候，这家公司市值为393亿美元。

施瓦布让中介过程变得自动化，删减了给客户提供的单独的股票经纪顾问，删减了服务的"建议"部分，使用新科技让客户能够直接进入股票市场。最终，通过产品再设计、自动化，以及对互联网的巧妙使用和巨大的规模，施瓦布成功地将成本与价格降到了原本水平的十分之一以下。

先锋集团（The Vanguard Group）

金融家约翰·博格尔（Jghn Bogle）在1975年12月31日建立

了第一支指数型基金。他创办的先锋集团抛弃了活跃的基金经理，转而只投资于来自股票市场指数"一篮子"股票。指数基金的理念依托于30年来的学术著作，它们认为总体来看，基金经理的表现还比不上股票市场指数本身。这一冲击性的发现十分有吸引力，因为它指出这个规模巨大、薪资又高的行业的依附性和不必要，但在博格尔之前，没有人有所行动。

他的指数基金将年费减少了90%，这是价格简化的一个绝佳例子。在当时，这被嘲笑为"博格尔之蠢"，富达投资集团的主席宣称，他不敢相信大多数投资者能够仅仅满足于一般的收益。先锋集团如今是美国最大的共同基金，管理着3万亿美元的财富。[9]从那时起，它就被无数模仿者所追赶。但是如今，它依旧公开表示拥有全球所有投资基金的10%。[10]

你能够想到，通过引入一些还未有人引入本行业的新科技，能够产生什么新的直销方式吗？

第八步：使用更简单的科技

在过去20年间，最畅销的商业书籍之一是哈佛教授克莱顿·克里斯坦森（Clayton Christensen）所著的《创新者的窘境》（*Innovator's Dilemma*）。他记载了新的、不那么有技术含量却更便宜的科技（他将其称之为破坏性科技）是如何改变市场，并往往最终成为新的市场领导者的。[11]"基于破坏性科技的产品，"克里斯坦森说，"往往更便宜、更简单、更小巧，也更方便使用。"[12]他所举的例子包括真空管被晶体管所淘汰（晶体管又在之后被半导体所淘汰），通过回收的废弃金属生产钢材的小型钢铁厂对使用高炉熔炼铁矿石的综合钢铁厂的淘汰，缆控挖土机输给了液压式挖土机，小型的磁盘驱动器取代了大磁盘驱动器。而自从1997年克里斯坦森的书出版后，又有了很多更多更新的例子，比如平板电脑和智能手机扰乱了笔记本电脑市场，优步和爱彼迎这样的应用挑战了传统的出租车和便宜宾馆的市场。（实际上，所有的应用都具有颠覆本行业的潜力，只是绝大部分都没能做成。）

通常来说，故事是这样展开的。首先，新科技只满足了低端市场，比如说，小型钢铁厂，它们还不到传统的综合钢铁厂十分之一的规模。它们在20世纪60年代晚期开始运营，但最初，尽管价格便宜，可它们生产的钢材只能满足最低层级的应用，也就是钢筋。

然后，大型公司尽管能够选择使用新科技，但它们会刻意回避。它们这样做，有几个显然十分合理理由。一个是大型公司的顾客通常会说他们对新科技和更便宜的产品不感兴趣，因为这些新科技和新产品的质量不能满足他们的需求。另一个原因则是，"对于一家成本架构依托于高端市场竞争的公司而言，要在低端市场获得同样的盈利十分困难"，因为大型公司习惯于很高的日常支出。最终，"小市场不能满足大型公司的增长需求"[13]以及"不存在的市场是无法分析的"。[14]这些都是反对采用许多新科技的有力原因。在小型钢铁厂的例子中，世界上没有哪一家主要的综合钢铁厂选择做出技术上的转变。

再然后，由于现存的市场霸主没有采用新科技，于是捍卫新产品、在不断试验中寻找新市场的任务就落在了小型的市场新进入者身上。比如说，纽柯钢铁公司（Nucor）和查帕拉尔钢铁厂（Chaparral）都从钢材市场的最底层做起，也就是钢棒与钢条，然后慢慢上升到需求量更大的产品，比如说结构钢，最终达到高水平的钢板。这就是最典型的模式：新科技不断改进自身表现，直到满足绝大部分或整个市场的需求。除此之外，老技术也在同样发展，但它和新科技总会最终发展到能够超出几乎所有顾客要求的程度。使用老技术也就没有必要了，因为新的、更简单的产品已经足够了。正如克里斯坦森所说，"当两种或更多相互竞争的产品已经都发展到了超出市场需求的程度……选择产品的基础就从功能性进化到了可靠性，然后到便利性，最终则是价格"。[15]

价格简化者就此出现。行业的新进入者一般会获得胜利，因为它恰好在正确的时间来到了正确的领域，采用了新的科技，提供了低成本、低价格的产品，然后不断扩大规模坐上了市场领导者的宝座。

当克里斯坦森的书出版时，小型钢铁厂领袖F.肯尼思·艾弗森（F. Kenneth Iverson）的纽柯，只占据北美钢板市场7%的份额。他说，这对"综合钢铁厂来说还构不成什么威胁，因为纽柯的成功被局限在产品线底端商品化盈利最少的部分"。但克里斯坦森大胆地预测，纽柯很快就会挑战并最终取代伯利恒（Bethlehem）和美国钢铁公司（USX）这样在当时的股票市场非常稳定的综合钢铁厂：

钢铁公司高度精确地向钢铁行业盈利正盛的东北角高度精确的行军，是一个进取投资、理智决策、深切注意主流顾客需求、创造利润的故事。但这也是使磁盘驱动器和机械挖掘机的主要提供者感到挫败的类似的创新者窘境：看似明智的决策，恰恰是即将跌落行业领导者宝座的根源。[16]

克里斯坦森被证明是对的。纽柯，这家在1996年还规模甚小、盈利微薄的公司，现在已经是一家财富300强公司，成为美国钢铁市场的市场领导者。

因此，如果现在有新的、虽然不那么好却便宜得多，并且还没有在你的行业内正式采用的科技，如果这一科技有将成本减少一半的潜力，那么抢在任何人之前采用它会是一个明智的选择。围绕这一技术，构建一个商业系统，让你能够成为并且保持为一名低价的市场参与者。

扩大规模

第九步：扩大规模，向全球扩张

你的公司最脆弱的时候，就是当你已经对产品和商业系统进行再设计，刚开始将它们投入实际运营中的时候。如果价格大幅度下降，如果设计精良并且你也开发出了一件通用产品；如果商业系统独特、简单且优雅，你就会胜利，除非有另一家公司复制了你的计划，并且以比你快的速度扩大规模。如果发生了这样的事，你几乎肯定会失败。

因此，迅速扩大规模至关重要。最大化销售量，早早领先，即使这意味着最初的好几年都不会有收益甚至会亏钱。如果现金有限，那就去寻找风险投资。随着规模的增长，你的成本将会下降，你将能够获得低边际利润的高收益。

一旦这一概念在一个地区成功，以最快的速度将它推向全国和全球。历史证明，当一家可口可乐或易趣这样，拥有真正充满吸引力的产品的公司，在市场中留下了空隙，使一名本地模仿者能够抓住先发优势，那么这些被夺去的市场就再也无法收回了。比如说，可口可乐较晚进入中东地区，结果，百事在中东地区的市场领先地位从未被超越。易趣在进入东欧时行动迟缓。当它最终进入东欧，Allegro 已经统治了这一市场，在这里大行其道，现在 Allegro 是这一地区最大的电子商务参与者之一。

结　论

价格简化提供了规模急剧扩张的展望，必须承认，边际利润很低，但却能够带来未来数十年收益与利润上的巨大增长。如果你正确地做好了每一件事，建立了一个大到无法被复制的独特商业系统，如果你持续降低成本与价格，扩大国际规模，你最终会得到最佳奖励,也就是长期的市场领导权。

但现在的市场领导者又如何呢?它们应该进行简化吗?如果应该,那么是在什么时候,怎样进行?如果它们不这样做,又会有什么危险?

第 10 章与第 11 章的关键点

1. 要降低一半价格,你需要按照原则,对你的产品进行再设计与简化。最开始的原则是:减少特征、减少种类、创造一件通用产品。
2. 你也必须再设计你的商业系统,来建立一个简单、专属的系统,让你能够提供竞争对手无法比拟的惊人低价。
3. 对于模仿最好的防御就是最迅速、大范围地扩大规模,不给任何竞争对手留下能够立足的角落与缝隙。如今,必须更早地实行这一行为,最好是立刻进行国际扩张,无论代价为何,无论这看上去有多难实现。

第三部分

拯救恐龙？

在第三部分，我们将目光从侵入者转向守卫者。那些不是简化者的市场领导者能够怎样保护自身免受现实或潜在的侵扰呢？对于没有进行简化的领导公司而言，这些威胁有多可怕？为什么它们往往会放弃完全可行而且试错成本并不高的简化机会？最终，如果它们决定要保护自身，在能够采用的这些措施中，有哪些是最有可能成功的？

第 12 章

它们需要救助吗?

> 长盛不衰,实属罕见。
>
> ——汤姆·彼得斯(Tom Peters)

市场领导者天生就易受简化者们的攻击吗?那么警告信号都有哪些呢?

从我们的研究中,我们能得出市场领导者通常十分容易受到正在进行市场简化的公司的冲击这样的结论吗?

诚实的回答是:我们也不知道。

一方面,已经有一长串蓝筹股企业目睹了自己的市值和利润在简化反抗者的挑战下一夜之间蒸发不见。比如说:

- 20世纪60年代，当DEC推出"迷你电脑"——正如其名，比大型计算机更小巧、更简单，IBM失去了很大一部分市场。（尽管以今天的标准来看，这些迷你电脑本身并不小，而且还很复杂。）
- 20年后，从1981年到1985年一直保持市场领导者地位的IBM再次遭受了来自简化者的冲击。它受到价格简化者康柏、惠普和戴尔的围攻，也无力阻止作为命题简化者的苹果占据更高级的市场，IBM最终在2005年放弃了电脑制造业务。
- 分别作为小型计算机和文字处理领域的统治力量，DEC和Wang同样在20世纪80年代输给了个人电脑价格简化者们。
- 佳能和理光（Ricoh）作为简化者带来更简单、更小巧，而且能够安放在经理办公桌上的复印机之后，施乐尝到了败北。
- 伯利恒（Bethlehem）和USX这样的综合钢铁厂，将市场领导者的宝座拱手让给了使用低成本锻炼方式的价格简化者纽柯（Nucor）。
- 泛美航空、环球航空和美国航空被西南航空夺去美国市场领导者地位之后都申请了破产。
- 当索尼推出了数码相机之后，柯达彻底败给了索尼。
- 曾经是世界领先软件公司的莲花（Lotus），输给了价格简化者微软。

- 《大英百科全书》（*Encyclopadia Britannica*）曾经是连续222年的市场领袖，却被价格简化者英卡塔（Encarta）和维基百科（Wikipedia）击溃。
- 诺基亚曾经是手机生产领域的霸主，却被苹果和三星（Samsung）的智能手机所摧毁。
- DVD租借市场的领导者百视达（Blockbuster），被Netflix压制。
- AltaVista在网络搜索领域将领先位置输给了谷歌。
- 巴诺书店（Barnes & Noble）和亚马逊（Amazon）相比，黯然失色。
- 还有一大批数码公司取代实体公司的例子。在这些案例中，市场领导权都被更简单、更便宜的价格简化者，或产品更具使用愉悦性的命题简化者收入囊中。

根据这份名单，我们可以很容易地说，拥有明确的、更好的定位和/或更简单的商业模式的简化公司往往会获得胜利……只要它们带来的变革足够彻底。

然而，这一结论也存在问题，它的数据支持很弱，没有足够的案例来进行概括，同时也存在幸存者偏见：我们并不会注意，甚至根本想不起来一家领先的公司挫败简化对手的挑战的时刻。

当然，一般来说，简化者会更容易成功，但这并不是必然的。有很多的反例可以证明，比如有着相当复杂的国际系统的宾馆行业中，还没有人有能力挑战希尔顿（Hilton）或是万豪（Marriott）。爱彼迎在2014年4月的一次私募股权交易中估值为100亿美元，它也许会将提供住宿与早餐的简易旅馆行业扩大3倍，侵入宾馆行业的下层和中层市场，而且因为它本身没有任何宾馆，盈利性特别强，但是这对高档宾馆来说构不成威胁。高档宾馆只会屈服于"让住宿更愉悦"的创新者，而这样的创新者很难出现。目前，这些巨头的对手主要是那些具有独特地理位置和拥有管理技巧的经理人的当地精品酒店，但这些当地酒店也是无法被大量复制的。

同样的还有食品行业，通用磨坊（General Mills）和家乐氏（Kellogg）这样的巨头看起来一点也没有受到简化对手的影响。类似的，像联合利华（Unilever）和宝洁（Procter & Gamble）这样极度复杂的企业也没有受到重大挑战。它们的很多品牌已经有几十年历史了，这让它们超脱于竞争之外。这一状况还会持续多久是一种猜想，而非数据。

除此之外，简化者往往并不会总是面对一个占据统治地位的市场领导者。有时"恐龙"是一大群体积相似的动物们。麦当劳、直线公司、星巴克、推特、宜家和许多其他简化者，在没有改变市场领导者的情况下就变革了整个行业，因为从一开始就没有一个领导者。这些简化者没有杀死歌利亚（Goliath），它们将许多小型公司驱逐出了市场。

警告信号测试

当然,占据统治地位的公司不能洋洋得意。明智的做法是时刻注意随时可能到来的冲击,采取措施,在酿成苦果之前避开它。这些攻击可能来自价格简化者,也可能来自命题简化者。针对它们的警告信号彼此各有不同。

来自价格简化者的警告信号:

1. 出现了更便宜的产品。如果这件新产品的性能不怎么好,那倒不必担心。但如果它对市场来说足够好,这就是一个切实的威胁。对一件便宜了25%到50%的产品,市场领导者必须引起警觉。唯一谨慎的猜想,就是新产品性能会逐渐提高,随着规模扩大和商业系统的发展,它的价格甚至还会更便宜。如果新产品被顾客所排斥,只吸引了一批新型顾客,那也不必担心。一旦产品进步,变得更便宜,你的顾客也许会改变心意。
2. 制造新产品的公司是新近成立的。这意味着它们的影响力此刻还无法估计,它们可能不会受传统的运营方式所限。
3. 市场新人者在以不同的方式参与竞争。它们的产品可能更小、更轻、更快,或三者兼有。它也许是基于新科技制造的,也可能是因为顾客接受了承担一些在传统系统中原本应该由公司完成的工作。商业系统本身也许不同。挑战者可能更加专业化,只生产一样或是几样产品,因此它们的产品范围比知名公司要小得多。

4. 至少有一家简化公司成长迅速。即使它现在还只有很少的市场份额，不久之后它可能就会呈现爆炸式增长。它们很容易被忽略或低估。不要完全依靠市场数据；直接检视这家公司的成长潜力。

5. 新公司比你的利润低。它的生意看起来无法盈利，或盈利很少。这是一个警示，因为这可能会让你放弃制造这种新产品。

6. 和你的产品比起来，新产品的制造成本可能会变得更低。如果新公司有你这么大的规模，它能够将价格降到你的一半甚至更低吗？

7. 你的公司原本可以制造新产品，但选择了放弃。如果你想要生产一件新商品，你一定能找到实现的方式。如果你决定不制造，即使产品完全被市场所接受，你也很难再撤回决定。

来自命题简化者的警告信号

你会注意到，这里的前三条警示与价格简化者的警示信号有所不同：

1. 产品或者服务的设计与众不同。它彻底地变得更简单，使用了新方式、新科技，或完全建立在对顾客核心需求的不同假设之上。

2. 新产品更具使用愉悦感。

3. 产品定价比你高，但依然在蚕食你的市场份额。

4. 挑战者参与竞争的方式有所不同。

5. 生产新产品的公司是市场的新进入者。

6. 至少有一名市场新进者发展迅速。

7. 你的公司无法或没有选择制造新产品。

关 键 点

1. 市场领导者的衰落并非必然。简化公司对它们的威胁也许从没有真正实体化。

2. 但这些威胁可能发展壮大，导致领导者的崩塌。许多成功且居于统治地位的公司，最后败给了起初规模甚小的挑战者。现在就必须开始警告信号测试，并且定期多次进行。

3. 制订面对简化者的应急预案是谨慎明智的做法。

要进行新类型的竞争对于行业内的原有企业来说很困难，因为成功企业的经理一般来说都不愿意进行简化。在下一章中，我们将指出对公司的市场领导地位的威胁，来自市场领导公司的内部，而非外部。

第 13 章

强大公司的弱点：

经理拒绝简化的 5 大糟糕理由

> 要赢得持久，你就必须充满热情地去打破你所创立的一切。问题是：你能同时热情洋溢地追求改善与摧毁吗？[1]
>
> ——汤姆·彼得斯

工作在大型成功企业的经理们总是试图让公司更复杂而非更简单，关于这一点有很多的坊间证据。但是，他们为何要这样做呢？

市场领导企业中的经理之所以不进行简化，有 5 个理由，而它们都是陷阱。我们将它们称之为：间接费用陷阱、相互替代陷阱、顾客陷阱、复杂性陷阱和技能陷阱。

市场领导者几乎总能够进行简化，但它们通常选择不去这么做。诸神欲使其毁灭，必先使其复杂。

间接费用陷阱

1983年，当我（理查德）的合伙战略咨询公司LEK成立时，我们和另一家更大、成立时间更久的公司PA咨询公司组成了合资企业。PA的业务范围包括管理、人力资源、电信与科技等咨询。有那么几回，它也试图进入LEK的领域，也就是战略咨询（这一市场中已经有我们，以及波士顿咨询公司、贝恩公司和麦肯锡公司），但它的前进速度总是很迟缓。这并不是因为PA的顾客不想从它们那里购买战略咨询服务，而是因为PA从来不愿意用足够高的薪资来吸引一流的战略专家。年薪10万英镑的想法根本是一种禁忌，那时在PA，还没有人能拿到六位数的薪水。

然后，PA的彼得·劳森（Peter Lawson）想到了一个好主意，他极力促成PA和LEK创立合资企业。让LEK成为PA的战略合作伙伴，由PA为我们提供客户实例，我们则卖给PA战略。对于PA而言，这种运营方式在组织上并没有什么问题，因为它们不必支付LEK的日常开支，却依然能拿到一部分利润。在一家单独的合资企业里，从合作者那里赚到100万英镑的利润对它们来说已经足够。

有时我们会观察到，企业总是试图争取高端市场和毛利更高的产品与顾客，这样的观察是正确的。然而，超出企业常规的间接费用和超低的边际利润一样有问题。PA不愿意在顾客需求增加之前，先增加高成本的专家级顾问，即使战略咨询行业的边际利润要远远高于它的核心业务。这种对高间接费用的排斥，恰恰解释了为何PA

在传统战略行业没能有任何进展。

还有一种情况是公司不乐意接受边际利润较低的业务，对此已经有很多研究，因此我们不必在这一问题上耽搁太久。克莱顿·克里斯坦森讲述了Micropolis集团的故事。它由斯图尔特·梅本（Stuart Mabon）创立，为电脑行业生产8英寸磁盘驱动器。Micropolis很快就成为市场的领导者。当5.25英寸的驱动器出现时，梅本意识到，这款更新、更便宜的磁盘驱动器对Micropolis而言是巨大的威胁，于是他将最好的工程师们集结起来专注于这一项目。然而，因为5.25英寸磁盘毛利更低，他的经理总是试图将人才重新调回盈利最多的8英寸磁盘驱动器相关的岗位。尽管梅本是老板，但他却必须和一心想要维持现状的人斗争，尽力让最好的人才开发新磁盘。他说，这是他人生中最疲惫的一段时间，"连续18个月投入我全部的时间和精力"。[2] 即使这样，Micropolis也未能成为5.25英寸磁盘的市场领导者，而且不久之后，市场又转移到了更小的磁盘驱动器上。

间接费用陷阱的最后一个例子是DEC在个人电脑市场上的失败。从1965年这家公司推出第一台"迷你计算机"开始，一直到20世纪80年代，DEC都是华尔街最成功的故事之一。它是小型计算机界的霸主，IBM尚且跟随在其后。但是，当20世纪70年代个人电脑市场开始生根发芽时，DEC研究了11次是否要进入这个新市场，但每次都退缩了。它最终在1983年才开始制造个人电脑，比IBM落后两年，比苹果则要落后7年。它的个人电脑产品无一成功。

这是为何？DEC当然拥有设计和科技技能，但是它所习惯的是一个完全不同的市场。小型计算机需要大量、持续的研究投入……给公司带来50%以上的毛利率回报。相比之下,个人电脑的毛利率还不到30%。作为新生代的个人电脑不需要小型计算机所需要的庞大、持续的科研投资,顾客也不愿意支付用以支撑昂贵研究的高价。DEC在个人电脑上迟疑,并直指市场顶层,那里毛利率最高,但需求量最小,顾客要求也最高。

公司似乎会自行发展出关于可接受利润率的法则,然后完全依赖于它。因此,如果出现更简单、利润率更低的产品,成功的公司很难拥抱它;也很难意识到尽管利润率低,但间接费用也低了。拥有更简单产品的市场新进入者不会被更复杂、利润更高的成功产品的日常支出和利润设定所阻碍。

相互替代陷阱

2000年,博彩公司必发(Betfair)在伦敦成立。当时已经有许多同类型线上公司,但必发的商业模式和所有线上线下竞争对手都不同。比起由公司自己设定投注赔率,必发创立了一个电子市场,也就是博彩交易所,赌徒能够向其他赌徒提供自己的赔率或购买其他人设置的赔率。

我(理查德)早在2001年就对必发进行了投资,以150万美元的价格获得了公司10%的股权,也就是说当时公司的价值才1,500万美元。然而,尽管当时公司还很小(和市场领导者相比)。它却在以每个月 50% 的速度增长。在数年时间里，它已经开始为进入主要博彩市场铺路，尽管相对来说规模仍然较小。不用惊讶，考虑到和主流博彩公司 12% 的毛利率相比，必发的平均佣金仅为 3%。除此之外，必发只对赢家收取佣金。因此，它实际只收取所有下注的 1.5%，相当于降价了 87.5%！

现在你可以理解传统赌场对"相互替代"的恐惧了吧。传统赌场没有看到采取新系统、鼓励顾客从目前的高利率赌博方式转向低利率赌博方式的意义。这是任何面对着具有颠覆性、成本更低的市场新入者的企业共同关切的问题。但是传统赌博公司并没有意识到，无论它们做什么，任何对价格敏感的赌徒，只要不是技术恐惧症患者，很快就会争先恐后涌向必发。因此，对于英国的三大赌博公司——立博（Ladborkes）、Corals 或威廉希尔（William Hill）而言，明智的选择要么开设自己的线上博彩交易所，要么用一个更好的方式，即用极少的现金（对于它们来说）买下必发，除掉这个十分具有潜在威胁的竞争对手。然而，它们谁都没有选择这些方式。对于它们来说，必发是一个敌人，一家应该被一脚踩死的公司，最好的方式是说服政府下令宣布博彩交易违法。

政府拒绝合作，而必发在那一阶段发展成为了英国最大的在线博彩公司，市场价值达到了 13 亿美元。在写作此书时，这一数值已经上升到了约 30 亿美元。与此同时，传统市场曾经领先的博彩公司都被帕迪鲍尔（Paddy Power）这家新的市场领导者所取代。它提供了种类广泛的"有趣"赌注，并且削减了自身的利率。如果曾经的三大博彩公司之一收购了必发,并且让其独立运营,它很可能已经成为市场领导者,而不是被淘汰。

几乎网络零售的所有领域都有同样的模式,即对相互替代的恐惧让领导公司不愿意采取任何积极的行动来遏制相互替代。网络零售领导者,比如书籍(亚马逊)和拍卖(易趣),都和"现实世界"的领导者十分不同。尽管将实体店销售和同类别的网上零售结合起来有许多潜在优势,比如说利用顾客基础向供货商讨价还价的能力到满意度和协同效应,现实世界的领导者最初都因为恐惧相互替代而不愿意引入线上销售。而当它们意识到这一错误时,所做的工作也乏善可陈,或做得太迟。比如说,巴诺书店曾是世界上最大的图书销售商,但它直到1997年5月才终于建立了自己的网站,比亚马逊晚了近两年。再一次,对相互替代的恐惧,导致了原本可以避免的更严重的相互替代。亚马逊现在的书籍销售量比巴诺书店要多得多。

然而,相互替代恐惧的最大牺牲者,同时也是最落寞的大公司之一,也许就是施乐了。普通纸复印的专利让施乐在20世纪50年代和60年代实现了实质垄断,将优势发挥到了极致。一台典型的复印机的生产成本为700美元,价格却要3,000美元甚至更高。但是没有经久不衰的东西。20世纪60年代末期,佳能开始绕过施乐的专利,并且进行价格简化,推出了一台小型的桌面复印机,价格还不到施乐大机器的三分之一。[3]再加上联邦贸易委员会下令施乐必须将专利授权给其他公司使用,佳能很快就夺走了市场领导权。到1979

年，施乐在美国复印机市场的份额从 99% 猛跌到仅 14%。

想想我们所说的相互替代悖论：

- 只有顾客仍然愿意使用简化后的产品，保留产品的基本特征，让产品更简单、更便宜才是合理的决定。如果你持肯定的见解，那么不如赶在其他公司蚕食你的市场份额之前，由自己来完成蚕食自己的过程。如果你认为顾客永远都不会使用更便宜的产品，那看起来似乎就没有意义推出更简单更便宜的产品了。

然而：

- 如果你真的认为你的顾客永远不会改变心意，也没有相互替代的风险，你也不妨就制造这些更便宜的产品，并且利用它们的利润来补充现有的业务。

因此，除去奢侈品和利基市场这样顾客对价格并不敏感的例外情况，通用的逻辑是：

- 推出一件更简单、更便宜的产品却没有意义，这样的情况是不存在的！

但是，逻辑学和心理学是截然不同的两种东西。对于施乐来说，从顾客那里趁机牟利，直到佳能推出或将要推出它的产品的时候才发布自己更简单、更便宜的复印机，也许会是明智的做法。但这样做，施乐就需要极其快速果断地替代自己，这就要有一台已经处于发展中的小型复印机。然而，施乐什么都没有做。当然，即使必然会招致强大的销售人员的反对，代表股东利益行动的坚定 CEO 原本可以推动小型施乐复印机的开发，以压制佳能。但是，现实并不是这样。对于相互替代的恐惧让成功的管理处于瘫痪，拖延了行动，贻误了时机。

顾客陷阱

为什么全价航空花了那么长时间才开始模仿竞争对手廉价航空，即使后者的成功已经显而易见？第一家进军对手市场的全价航空是美国联合航空公司的短程服务，它开始于 1994 年，也就是西南航空开始运营的 23 年后。也许是因为恐惧于公司抢夺老客户，但我们认为很可能恰恰相反。顾客陷阱假定你的顾客对新商业模式完全没有兴趣。

这往往是正确的……但只在最初有效。西南航空对于想要点对点出行，也就是那些曾经靠汽车或从未进行长距离旅行的人具有吸引力。它并没能吸引那些主要去往国外大城市、构成定期航班市场的大部分飞机出行经验丰富的人。但是，当一个大规模市场被创造出来，新产品的曝光率也就会越来越高。廉价航空的数量不断增长，它们的影响范围也不断拓展，因此所有乘坐全价航空的人都开始注意到这些更便宜的选择。最终，金钱还是万能的。商务人士在需要自己承担费用的时候，开始选择乘坐廉价航空，并且感觉到它们也没那么差劲：他们依然有个座位（尽管放腿空间小了），而且和定期航班一样安全、准点地到达目的地。然后，当经济下行时，甚至很多小中型企业都要求员工出差时选择更便宜的航班，而这样的习惯保留到经济繁荣时期。

　　航空市场发生的这一切，反映了一个一般模式。在《创新者的窘境》一书中，克莱顿·克里斯坦森不断重申挖掘机行业、摩托车行业、钢铁制造行业和其他许多行业的案例中市场领导者的顾客原本是如何不想要新产品的。当本田 1960 年偶然在加利福尼亚为它的"超级幼兽"发现了越野摩托车这一新市场时，没有人认为这家日本公司会对摩托车市场领导者哈雷戴维森构成威胁。本田拥有的是完全不同的顾客，它通过体育用品店而非摩托车经销商来售卖自己的摩托车。哈雷的顾客想要真正的摩托，而非像玩具一样小的日本产品，无论本田的"超级幼兽"看起来多么可爱。但是，一旦本田在市场上有了立足之地，就开始开发动力更足、能够在公路上使用的摩托车。一点一点地，一个型号跟着一个型号，本田开始向高端市场攀登，而哈雷戴维森则逐渐被逼退。与本田在 100～300cc 排量摩托市场和 500～750cc 排量摩托市场的竞争先后失利后，哈雷重新将自己定位在了高端市场。尽管利润很高，但这一市场规模却要小得多，哈雷遭遇了困难时期。如今，哈雷的皮衣获得了成功，在这一副业的支持下，它已经将自己塑造为一个成功的高端品牌，但本田在全世界的摩托车销量是它的 3 倍。

这里的陷阱就是市场领导者太过相信自己的顾客，而对新产品的威胁视而不见。典型的模式总结如下：

- 新产品的性能逐渐改进，没过多久，它就满足了除要求最高的顾客以外的所有顾客的要求。
- 在更多的经验和更大的规模下，简单的产品变得更加便宜，它和优质产品之间的价格差也越来越明显。

在这样的情况下，哈雷这样的市场领导者的典型反应就是"从这一分区撤退"，转向更复杂、更昂贵的产品。这通常被解释为应对来自更简单产品短期收益压力的自然反应。这样的解释通常是合理的，但也许还有其他一些原因。

复杂性陷阱

在行业创新的早期阶段，公司往往通过大量投资于复杂的产品与流程来制造更好的新产品。这样的产品很难制造、很难使用且生产成本高昂。在寻求扩张的过程中，同样被热切追求的还有产品种类、产品多样性和产品定制服务，这些都让公司的销售和运营更加复杂。这是一条自然轨迹。

那么企业都是如何起步的呢？企业家进行创新，将想法转化为能够卖给其他公司的产品，然后找到了可行的方式，并且签下了最初的客户。无论顾客想要什么，要求怎样的改编和个性定制，新公司都会积极地提供。因此，让这位宝贵的顾客保持满意导致了持续增长的复杂性。不久，第二位顾客上门了，但是他们想要和前一位顾客不一样的产品改动。于是又更复杂了。然后，为了满足所有不同的需求（基于驱逐所有竞争对手和增加收益的理性愿望），新产品被创造出来。而这些新产品又匆忙加入了新特征和新科技，以提供满足各个细分市场的需要。比如说，也许会有奢华版、环保版、运动版、婴儿版等等。增加特征和技术含量看上去是完全符合逻辑的做法，而且它帮助企业在新市场的每一个部分都留下了印记。

复杂程度的增加明显体现在对种类广泛的产品或服务的设计、制造、销售以及配送的方方面面。当企业有扩张的雄心或销量放缓时，默认方式就是增加复杂性——更多的解决方案、更多种类的产品和顾客、更多的定制服务、更多市场以及更多样的活动。提出新主意的压力始终存在，而经理们总是激动于"新新事物"。

设计复杂产品的人并不只是在闹着玩儿。推动他们行动的是如何让产品更加实用、更具吸引力的愿望。但危险的是，他们深陷于产品或商业系统可以变得更加复杂的设想里，认为只要性能不断提高、更重、更贵、外行人使用起来更复杂更困难都没有关系。

在这一生命周期的初始阶段，改进产品的唯一方式就是投入更多资源与精力。但是,在一段时间之后,这就不再是正确的做法了。简化变得可能,也就是制造特征更少、使用更便捷、售价更便宜、操作更节省、生产和配送成本更低、更轻便、更小巧的产品。然而,习惯于靠增加复杂性来进步的经理们往往将更简单的产品视为倒退,而非前进。

还有另一个扭曲的事实。比起简单,聪明的经理往往本能地倾向于复杂。比如说,工程师们总是很享受挑战制造一件比前一代更精巧的产品。向高端市场转移不仅仅是因为更高的利润,还因为有更多运用才能的机会。因此,只有一位坚定果断的领导者才能说服经理让产品更简单,而非更复杂。简化者通常都出现在主流之外,往往是市场新进入者而非企业巨擘。缺乏现金,并且天生倾向于吝啬节俭,像亨利·福特、沃尔玛创始人萨姆·沃尔顿(Sam Walton)、英瓦尔·坎普拉德、赫布·凯莱赫和易捷航空创始人斯泰利奥斯·哈吉-约安努(Stelios Haji-Ioannou)这样的创新者是简单、经济和低成本解决方案的天生倡导者。即使当他是一名亿万富翁时,沃尔顿也依旧自己开着一辆行驶里程数超过 100,000 英里的旧车,巨富坎普拉德选择乘坐巴士或是廉价航空出行。能这样做的企业高层领导并不多。

技能陷阱

西奥多·莱维特(Theodore Levitt)在 1960 年写下了《营销

短视症》(Marketing Myopia)，这篇文章也成为《哈佛商业评论》(*Harvard Business Review*)上最著名的文章之一。[4] 在这篇文章中，他认为公司应该满足顾客的需求，而非售卖特定的商品。因此，比起将业务专注于做一条铁路，宾州中央铁路公司(Penn Central)本应该意识到它从事的运输业。因此，当航空出行开始成长时，它本应该进入这个市场。

商业战略家一般都对这一观点嗤之以鼻。对于运营一家航空公司，宾州中央公司能知道什么呢？产品是公司所拥有的独特才能和存在的理由。因此，为何经理总是不愿意进行简化的最后一个理由看起来似乎非常正确：他们不具有进入新市场所需的技能或文化。让美国领先的提供全方位服务的连锁餐厅从1948年开始运营麦当劳，这会有意义吗？也许不会。这家公司精于提供复杂产品或服务，这样的技能往往会使它不够格进入更简单的市场。

但是，思考一下与此恰恰相反的3个片段。

20世纪80年代，惠普依靠成熟的激光打印机技术迅速成为领先的个人电脑打印机制造商。但是，当更简单、运作速度更慢、分辨率更低却更便宜的喷墨打印机开始统治市场时，惠普在华盛顿州的温哥华成立了一个独立单位，让它与设立在爱达荷的博伊西的激光打印业务部门相互竞争。在此之后，传统模式就结束了。博伊西部门向高端市场转移，生产更复杂、更大、更快、分辨率更高的打印机。当然，它们价格昂贵，但却有着极大的利润。与此同时，温哥华部门则在保持低成本低价格的前提下，稳步提升喷墨打印机的运行速度，让它能够与佳能和其他市场新进入者竞争。随着喷墨打印机开始满足主流顾客的需求，而激光打印机成为最高端的一个很小的细分市场，惠普得以继续维持自身的市场领导地位。[5]

磁盘驱动器行业出现了一个十分罕见的例子，老产品的市场领导者依靠更新、更简单的产品依然保持了成功。这个例子就是美国昆腾公司和它的衍生公司 Plus 开发公司（PDC）。昆腾是 8 英寸磁盘驱动器的领先生产商，但却受更简单、更便宜的 5.25 英寸驱动器所困扰。昆腾在 4 年之后推出了自己的 5.25 英寸驱动器。然而，在 1984 年，一些昆腾的员工决定离开公司，成立 PDC，开始制造 3.5 英寸的磁盘驱动器。昆腾主动提出为新企业提供资金，同时获得 80% 的所有权。PDC 设计了新驱动器，但却把生产外包给了日本松下的一个部门。三年后，昆腾 8 英寸和 5.25 英寸的驱动器销售折戟沉沙，但它明智地买下了 PDC 剩下的五分之一所有权，让 PDC 的执行官来运营整个业务，迅速削减老业务，但保留下昆腾的品牌。[6]于是，新的昆腾成为世界上最大的磁盘驱动器供应商。2001 年，昆腾整体出售，进入了第三次转型，这一次是作为带存储产品的领导者。

最后一个例子。数十年来，密尔沃基的艾伦布拉德利公司（Allen Bradley Company，简称 AB）都是所在领域的领导者，制造用于控制大型电机的耐用、结实、复杂的机电开关。[7]但是，这些传统的控件，最终被更小、更简单、更便宜、更灵活的电子控件所威胁。第一家制造这些电子控件的公司是建立于 1968 年的莫迪康

（Modicon）。但是，对于机电控件的用户来说，新科技的耐用性和性能都不够好，这些用户包括机床和起重机生产商，暖气、通风和空调系统的承包商。因此，莫迪康将它的产品卖给新顾客，比如说汽车制造商，它们才刚刚在工厂自动化的过程中启用电机控制。

按照老套的剧情发展，AB应该始终对新科技不屑一顾，直至为时过晚。但是，它偏偏在莫迪康成立一年之际买下了它四分之一的股份。后来AB又买下了另一家年轻的电控公司，并将这两家企业合并。新公司始终与AB的传统业务相分离，实际上是在相互竞争。随着电子控件不断在工厂中取代机电开关，AB的四个主要对手，包括通用电气（General Electric）和西屋电气（Westinghouse），都开始在现存的机电部门制造自己的电子设备。这四名竞争者没有人在电子设备领域获得成功，因此AB通过收购两家初创企业保持了统治地位。

这三个故事的寓意在于，即使在收购之后，只要新技能的发展和位置保持在原运营部门之外，对于不同技能的要求并不必然会阻碍有效简化。正如我们早前所看到的，一家领先的英国博彩公司，原本可以在21世纪初买下初出茅庐却扩张迅速的必发（Betfair）以及它的新电子交易科技。也许像谷歌这样毫不犹豫地购买与自己接近的企业是正确的行为，因为既可以增长助力，也可以让自己免受潜在竞争者的威胁。

关 键 点

与其说领先的企业并非不能简化,不如说是因为强势的管理倾向性让公司不愿意简化或动作迟缓:

1. 间接费用陷阱:公司对于毛利率有要求,因此不愿意开发偏离于现有间接费用和利率水平的产品。

2. 相互替代陷阱:领先公司不想牺牲自己现有的业务领域,却宁愿让竞争者这样做。

3. 顾客陷阱:公司拒绝生产新产品,因为它现有的主要顾客对此没有需求。

4. 复杂性陷阱:经理们天生偏爱复杂或习惯于复杂,认为这是进步的唯一方式。

5. 技能陷阱:公司也许没有生产更简单产品的正确技能,但公司也未能理解新技能往往能通过花销甚少的收购来获得。

这些就是领导者公司通常不进行简化的深层次原因。但是管理失误是不可避免的吗?当然不是。传统模式总有很多例外。如果头等公司的领导者充分了解未来走势,他们就能够及时纠正偏爱复杂的管理倾向。在下一章,我们将看看在职者能为简化和保持领先地位做些什么。

第 14 章

市场领导者怎样轻松简化?

不可胜在己。

——孙武

出现了一家简化公司,市场领导者还能安坐首位吗?当然,是可以的,只要它有正确的态度和结构体系。

市场领导者能够这样稳守地位:

1. 确认你的新对手是价格简化者还是命题简化者。
2. 决定你自己是以价格简化还是命题简化应战。
3. 下定决心以更彻底全面的简化送走这个具有威胁的对手。
4. 采用能够将成功机会最大化的结构体系。这意味着在以下 5 个选择中择其一:

- 在现有组织之内开发制造新的简单产品。但几乎总会失败！比如说，DEC命途多舛的个人电脑，就是在以小型计算机作为核心业务的组织里制造出来的。
- 抛弃现有的复杂产品，完全转向生产新的简单产品。这样做能够成功。比如说，我们下面将要看到凯马特（Kmart）在20世纪60年代放弃了超市业务，专注于折扣商店。另一个例子是麦当劳，它放弃了成功的烧烤餐厅，以汉堡决胜负。
- 设立一个平行的、完全独立的部门来提供新的简单产品。这也是能够成功的做法，只要新部门是真的能够独立自治。例如惠普的新喷墨打印机部门。
- 支持一家衍生公司来制造新的简单产品。比如说，昆腾对Plus开发公司的资助。
- 收购一家或多家新的简化公司。这通常是成功率最高的策略。案例之一就是艾伦布拉德利公司，它在电控领域收购了两家新企业。

与价格简化相对抗

英特尔

英特尔集团在1969年发明了动态随机存取存储器（Dynamic Random Access Memory，DRAM），并在接下来好些年都因此发展很好。然而，在1978年，日本的半导体制造商开始和美国公司削价竞争。几年之后，这些低成本竞争者将英特尔置于非常危险的境地。

非常讽刺的是，英特尔通过委托一家日本计算器制造商研究开发微处理器保住了自己的地位。克莱顿·克里斯坦森教授这样描述微处理器：

> 现在看起来已经成为主流，但微处理器刚出现时被视为颠覆性科技。它们只有有限的功能……但它们更小、更简单，而且它们让应用程序可以进行一些曾经不具备的逻辑与计算能力。[1]

在20世纪60年代，电脑需要由好几个集成电路提供电量，比微处理器耗电更多，也更容易发热。微处理器更小、性能更好、更易安装在设备里，从而对使用者来说更方便。1971年推出的英特尔4004，是第一台商业微处理器，但在此之后经过很长一段时间，英特尔公司才得以生产出能够在多种设备中使用的可行产品。（它最终获益于"摩尔定律"，也就是芯片上可容纳的元器件数量每两年就会增加一倍。）巨大的突破发生在1981年，即IBM决定将英特尔8088微处理器应用于自己的个人电脑之时。[2] 不久之后，英特尔也向"克隆者们"，也就是很快取代IBM地位的低成本个人电脑制造商康柏等公司提供产品。这一策略获得了无与伦比的成功：从1979年到1987年，英特尔的市值从40亿美元跃升至1,970亿美元。

但是，突破性产品的机会很稀有。如果命题简化不太可能，那么对于价格简化的最佳回击就是超越简化者的再简化。在20世纪90年代初，我（理查德）曾有过这个方面的亲身体验。

斐来仕

斐来仕（Filofax）是电子行事历出现之前的标志性个人备忘录记事本制造商。从20世纪60年代开始，一直发展很好，但1987年之后，它的销量和利润开始衰退。这家公司的成功——高价和高利润——引来了成本更低的竞争者。在英国，它的主要对手是Microfile，这是一家以不到一半的价格提供近乎一样产品的价格简化者。

随着斐来仕出现资金短缺，我（理查德）组织了一次拯救行动，从而掌握了公司的控制权。设想很简单，因为Microfile进行了价格简化，所以斐来仕也应该这样做。Microfile的全球销量依旧低于斐来仕，所以我们采用了它的成本削减措施：将皮革封面换成塑料的，从斯堪的纳维亚寻找更便宜的纸张，同时将生产与物流外包。我们估计，斐来仕的成本将比Microfile还要低。我们还将产品范围从几百种浓缩到仅仅4种，并且将大部分努力放到了新的领头产品上，包括日记/日历、地铁路线图、通讯录和备注的"标准集合本"。我们还提升了设计水平，让产品不仅不贵，还具有使用愉悦感。

在3年时间里，斐来仕的销量增加了4倍，重新获得了市场领导权。我们公司将以7倍于买入价的价格卖了出去。

斐来仕在产品或科技方面都没有重大变化,并且作为一家产品单一的公司,斐来仕的局面相对更容易扭转。但是,如果出现商业系统的根本性变化,情况就很不一样了。

沃柯 vs 凯马特

20世纪50年代,F. W. 伍尔沃思(F. W. Woolworth)是日用品商店的世界市场领袖。它所面对的强劲对手只有 S. S. 克雷斯吉(S. S. Kresge),但后者被牢牢困在第二名的位置上。然而,在进入 20 世纪60年代之际,一种新的零售形式——折扣商店开始出现了。这些商店从概念上看(不考虑科技的话),可以说是线上零售商的前身。它们是拥有更低价格和更低利润率的价格简化者,也拥有更快库存周转作为补偿,因为低价吸引了更多顾客。

F. W. 伍尔沃思和 S. S. 克雷斯吉在 1962 年建立了各自第一家折扣商店,分别取名为沃柯(Woolco)和凯马特。[3] 克雷斯吉将全部资金投放在凯马特上,关闭了它的百货商店;伍尔沃思则决定在两店并行。最初,沃柯有自己的折扣商店总部,但为了节省资金,折扣商店总部被并入了伍尔沃思的百货商店体系。在伍尔沃思管理层的压力之下,沃柯逐渐将毛利率从 20%(与凯马特类似)提升到了33%,接近伍尔沃思其他商店的毛利率。

凯马特对新业务的全情投入和伍尔沃思含糊的运营策略有着意料之中的结果。到 1971 年,前者的收益达到 35 亿美元,是一家盈利极高的企业。相较之下,沃柯的销售额则不到 10 亿美元,根本没能盈利，1982 年，它完全退出了折扣零售市场。

资助衍生企业

因此，建立独立部门或是运营网点是否有效呢？对于 IBM 和伍尔沃思来说，答案当然是否定的，部分是因为这两个例子中，困难时期母公司都遏制了新部门的自主权。但是，正如我们在前文提到的，建立独立部门对惠普来说就是有效的，因为它没有限制新的喷墨打印机部门的自主权。我们还看到了，Plus 开发部门在转向简化后的磁盘驱动器生产时，是完全自主的；并且母公司昆腾因为提供了资金支持，掌握了 80% 的资产值，得以在 8 英寸磁盘驱动器市场的竞争者都消亡的情况下生存下来。

然而，由母公司在新业务持有大量股份并提供资金支持的衍生公司很少见。这一点很让人吃惊，因为衍生公司拥有设立自主部门的所有益处，以及其他方面的优势：

- 提议设立和领导衍生公司的人，往往会比自主部门的领导更具企业家精神，并且有着让新业务创造价值的更大动力。
- 成立之后，衍生公司能够独立于母公司之外筹集资金。这也许是最重要的优点。尽管"自治"听起来很美，但事实却是掌握经济大权的人就能控制整个运营过程。财务独立对于管理独立来说是必要的。
- 比起在一家大公司的自主部门工作，在一家衍生公司工作的工人通常会更加具有掌控自身命运的感觉。企业安全网的缺失，让子公司领导者更加具有商业敏锐性和资金警觉性。
- 独立的法律和所有权结构不可能让提供资助的母公司失去理智将新公司再合并回来。
- 如果衍生公司能保证完全的独立，它就能够发展出自己更适合简单产品和新顾客的文化及经验法则。它也很可能会更专注于节约成本，因为它不会被任何相互替代的恐惧所控制。
- 最后，衍生公司为极具天赋却很有破坏性的员工提供了一个好去处。比如说，如果创办了 NeXT 的史蒂夫·乔布斯和苹果的员工在 1985 年从苹果"拆分"出去，并由苹果掌握这家新企业的大量股权，又会怎样呢？（这并不是荒唐的想法。最初，苹果董事会提出在乔布斯的新公司中占 10% 的份额。乔布斯赞成了，但他的同伴拒绝了这一提议。[4]）这本来可以让乔布斯脱离苹果的过程更为顺利，也会使 10 余年后乔布斯因苹果的迫切需求而回归时更顺利。

收　购

面对新的简化公司的市场领导者，可以选择买下这家新兴公司，而非与它竞争。比如必发和艾伦布拉德利公司，简化公司的科技或商业系统如果是全新的，收购会尤其具有吸引力。购买简化者能够消除竞争，为买家在新商业系统中开创一个良好开端，是一种便宜的保险方式。

但需要注意：如果市场领导者通过干涉介入，使被收购的公司了无生气，收购就很可能完全达不到预期的效果。让被收购公司保持独立和完全的自主对于成功而言至关重要。比如说，2005年被雅虎（Yahoo!）收购的时候，Flickr毫无疑问是在线相片共享的领导者，但是在此之后，雅虎给它强加了一系列目标，并且试图将它纳入公司整体发展过程。结果，创新被忽略了，脸谱网和Instagram取代了它，Flickr曾经的风采荡然无存。[5]

与命题简化相对抗

正如我们前文提到的，在应对价格简化时，市场领导者有好几种选择。但是，要应对命题简化者，却要困难得多。

面对价格简化，只要它一出现在市场上，新路径就很明显。如果市场领导者选择参与这个游戏，或至少防范风险保护自身，它都会有足够的资金和市场活动参与进来。因此，至少从理论上讲，它应该能比缺少资金和经验管理者的初创企业行动更快。

相比之下，如果不留心注意，你根本无法和一件命题简化产品相抗衡。新产品在大放光彩之前，可能会有好几年的发展潜伏期。但是它一旦推出，市场领导者就可能需要花上好几年才能复制这一产品，而市场新进入者会抓住先发制人的优势，锁定顾客，建立分销和规模优势，在新的市场分类中强化自己的品牌形象。

因此，市场领导者往往很少能够躲开拥有具有使用愉悦感的更简单产品的创新者。

1995年，AltaVista进行了命题简化，推出了比其他任何产品都要更快更好用的搜索引擎。结果，它很快成为排名第一的在线搜索引擎，也是浏览量最高的网站之一。但是，当谷歌带来更快、更简单、更准确、使用更方便的搜索引擎之后，AltaVista很快就被甩在后面。无论是康柏还是雅虎（它们都收购了AltaVista）都没能拯救它。

同样，当索尼随身听出现时，它夺取了立体声播放器市场的领导者宝座，胜过了"立体声带"（Stereobelt）这一由德裔巴西企业家安德烈亚斯·帕维尔（Andreas Pavel）创造的产品，也胜过了东芝、爱华和松下。随身听是当时市场上最简单的产品，用起来也很舒适。

1987年，奥地利企业家迪特里希·马特舒茨（Dietrich Mateschitz）创建了红牛（Red Bull）。他的产品是一种泰国饮品的简化版本，他将其作为一种"能量饮料"进行推广（这是马特舒茨真正具有创新意义的想法），他还将饮料灌装进美观的银蓝瘦高罐子中。于是，红牛迅速在整个西方世界铺开。在那之后，许多价格更低的版本都取得了些微成功，但没有谁能动摇红牛的地位。这和可口可乐与百事可乐之间的竞争有些相似，后者进行了价格简化并且抓住了部分市场，但从未获得优胜。

同样的模式还出现在智能手机领域。占据手机制造商首位超过10年的诺基亚被苹果横扫在地。此后，三星又以更便宜的产品挑战苹果，尤其是在欧洲市场。然而，从 2007 年上市到 2012 年（至少），iPhone 都是美国与全球市场的领导者，尽管它的价格比其他竞争对手都要高得多。

对抗价格—命题简化者

市场领导者很少会受到价格简化者和命题简化者的同时攻击。但是，正如我们所见，20 世纪 80 年代中期，IBM 就遭遇了这样的情况。当苹果麦金塔电脑出现时，IBM 甚至没有试图尝试制造更直观、使用更方便的电脑；而就在同一时间，它也输给了价格简化者惠普、康柏和戴尔。

IBM 原本可以做些什么来抵御这些威胁呢？它本可以在 1982 年收购苹果，然后将所有精力放在命题简化上。然而，它试图横跨两项完全无法兼容的策略，最终在两方面都大败而归。

收购命题简化者的价格下降了吗？

现在，硅谷的几家公司似乎特别热衷于收购那些可能构成威胁的命题简化小公司。

2008 年成立的 Waze 旨在拓展能够从用户那里收集堵车信息并提供实时更新的新一代导航软件。一旦开发完成，这项免费的命题简化服务会带来真正意义上的使用愉悦感，因为它比传统 GPS 更简单更实用。谷歌在 2013 年以 9.96 亿美元的价格买下了 Waze。

视频分享网站 YouTube 在 2005 年成立，谷歌在 2006 年收购了它。从那以来，网络效应让 YouTube 在市场上遥遥领先，而且它很可能永远不会被复制，因为它掌控着内容。谷歌收购这一服务时，YouTube 正在经历指数级增长，因为上传到 YouTube 的视频一下子就能通过审核，而上传到谷歌的视频则需要等待三天的审核。这种延后遏制了活力和自发性。相比之下，YouTube 是更具使用愉悦感的命题简化者。现在，它也是世界上第二大搜索引擎（仅次于谷歌）。

通过购买与自己核心搜索引擎业务相关的公司，谷歌加强了在搜索领域的统治地位，并在这一市场建立起了抵抗竞争的缓冲区。

在 2009 年创立的跨平台信息订阅服务 WhatsApp，截止到 2014 年 4 月已经拥有 5 亿活跃用户，每天要处理包括 7 亿张相片、1 亿条视频和超过 100 亿条短信息的共享。6 个月后，脸谱网以惊人的 190 亿美元买下了这位竞争对手。这是另一个收购占优的命题简化者的例子。

关 键 点

1. 要反击一名简化者，领导者公司必须进行最彻底的价格简化或命题简化。它还必须采用能够最大化简化可能的结构体系。

2. 如果你能做到收购后不干涉运营，收购通常是最佳也最简单的反击简化者的方法。

3. 对抗价格简化比对抗命题简化要简单。在后者的例子中,对简化者的早早收购有时是唯一能够让市场领导者免遭灾难的选择。

接下来,我们转向本书的最后一部分,在这个部分,我们将探究简化在经济回报方面是否真的具有巨大影响。

第四部分

简化的回报

在最后这一部分,我们将观察价格简化和命题简化带来的回报。然后我们会进行一个小小的"考古发掘",在探寻简化的局限性、力量和荣光之前,来调查为何回报收益有高有低。

第 15 章

价格简化是否能带来回报?

> 我们会让电力便宜到只有富人会用蜡烛。
>
> ——托马斯·爱迪生

价格简化带来的回报有多高？关于简化成功及成功的持久性，我们的案例研究又带来了怎样的启示？

要弄清楚简化的经济回报，我们要求 OC&C 策略咨询公司详细调查了 12 个被它们认为 1900 年以来最重要的简化案例，其中包括 6 名价格简化者和 6 名命题简化者。在本章中，我们将着眼于价格简化者的结果；下一章，则会着眼于命题简化者的结果。OC&C 的发现并不能保证未来也会有相同的模式出现，但这 12 个案例研究至少是极具启发性的。

这 6 名价格简化者都在前文中出现过，但在这里，我们将专注于价格简化对它们各自的财富和市场规模的影响。

福　特

回想第 1 章，亨利·福特在 1906 年开始进行简化。福特专注于一种车型，制造出 T 型车并投资设立了当时世界上最大的工厂，用来大批量制造 T 型车，随之而来的是一段大规模扩张时期。但是，巨大的突破出现在 1913 年的移动流水线取代了批量生产。通过基础但出色的设计以及逐年降低的价格，福特顺利卖出所有产品，尽管如此，直到 1917 年公司的一些生产部门转向战争工作时，福特 T 型车的销量都在以每年 47% 到 117% 的速率增长。

1920 年，通过越来越便宜的 T 型车实现的迅猛市场扩张期开始失去动力。尽管这一年福特卖出了创纪录的 125 万辆汽车，此后福特的增长率就开始下降，因为新组建完成的通用汽车通过提供更时髦、种类更多的产品，以及为更富裕的顾客改进性能等，将竞争的基础从价格转向车型创新。因此，OC&C 决定只对 1906 年到 1920 年这一段时期进行研究，以衡量福特的价格简化策略最初、最深远的影响。从 1906 年到 1920 年，福特的价格下降了 76%，考虑到这段时期内消费品价格翻了一倍（居民消费价格指数上涨了 130%），这样的价格下降也是相当惊人的。然而，公司的总收益从 1906 年的不到 240 万美元，上升到了 1920 年的 3.59 亿美元，达到 150 倍的增长。公司每年的汽车销量增长更是惊人，达到了 782 倍。它的市场份额（按照销量来算）从 1906 年的 8%，飙升至 1920 年的 75%~80%（按美元来算的市场份额则会稍低一些，大概在 65%~70%）。

福特的销量市场份额增长超过 500 倍，市值则增长了 150 倍。而后来合并而成的通用汽车，在 1906 年到 1920 年以及 20 世纪大部分时间都是福特的劲敌，它在这一时期的增长仅为 9 倍。"价值表现"（value outperformance）的数值，即福特的市值增长倍数和最大对手的市值增长倍数之比，约是 17（150÷9）。按绝对价值计算，福特公司的价值在 1906 年到 1920 年实现了每年 43% 的复合增长率。

这些惊人的成就都可以总结为图表 6。

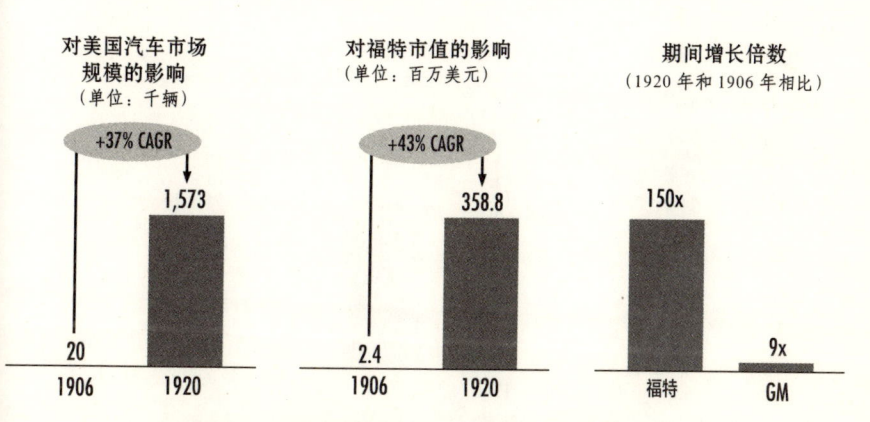

图表 6　福特早期的增长（CARG：复合增长率）

众所周知，福特汽车公司从20世纪20年代开始到20世纪末一直管理不善。它在1935年将市场领导者的宝座拱手让给了通用汽车，没能继续进行价格简化，没能调整到命题简化。在超过10年的时间里，福特既没能像大众甲壳虫（Volkswagen Beetle）和宝马MINI那样重塑低成本汽车，也没能赶上丰田和其他亚洲汽车制造商的质量标准。

有意思的是，从1906年至今，福特的市值增长超过了24,451倍，保持着每年10%的复合增长率，而通用汽车的市值"只"增长了500倍，因此福特在长期（尽管面对的对手最终也有弱点）的"价值表现"数值是49。这意味着，第一位价格简化者亨利·福特通过实现他所说的"使汽车大众化"而创造的品牌资产如此巨大，它延续了超过一个世纪的时间，并且在这期间持续带来了超过平均水平的财务回报（见图表7）。正如我们将看到的，公司将会从早期的创

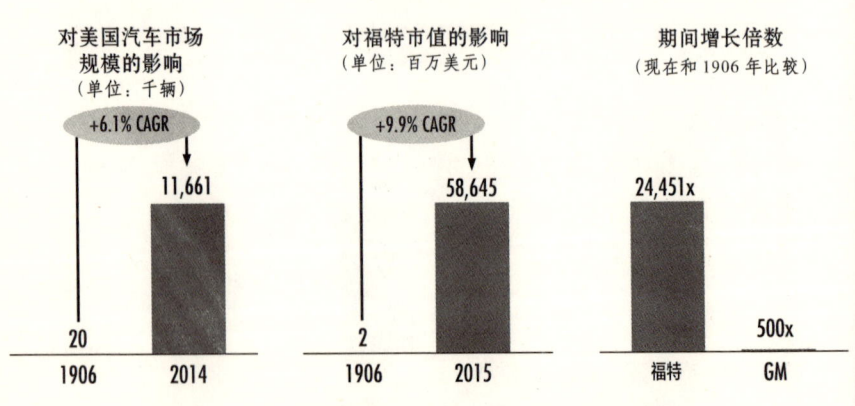

对美国汽车市场规模的影响（单位：千辆）：1906年 20，2014年 11,661，+6.1% CAGR

对福特市值的影响（单位：百万美元）：1906年 2，2015年 58,645，+9.9% CAGR

期间增长倍数（现在和1906年比较）：福特 24,451x，GM 500x

图表7　一个世纪内福特的发展（CARG：复合增长率）

新中获得长久的优势,这样的模式在其他行业也十分明显。

麦当劳

1948年,麦当劳兄弟将他们的传统烧烤餐厅转变为了亨利·福特那样的生产线。他们利用自己的"快速服务",以一半于竞争者的价格,即15美分而非30美分,来供应高品质的汉堡。正如我们在第3章看到的,麦当劳进行价格简化的方式包括将菜单上的菜品减少到只有9种,减少了原料品种,并因此能够大批量购买原料,说服顾客自我服务,减少烹饪和备餐时间,从而使得麦当劳餐厅能为更多顾客提供服务,并且还不必搬到更大的室内场所或招聘更多的员工。这是一次美丽、简洁、经济的革命。

财务回报来得很快。1948年的总利润,也就是"新"麦当劳第一年的总利润大概为50,000美元,而位于圣贝纳迪诺的餐厅在当年年末的价值达到了237,000美元。113年之后,雷·克罗克的财团以270万美元的价格购买了麦当劳的全部业务,如今这家企业包括13家餐厅。可以看到,麦当劳的价值在1948年到1961年增长了11.4倍,实现了20.6%的年复合增长率(见图表8)。当然,这样的计算并不包括1947年到1948年的价值增长,因为这段时间内麦当劳正在向新汉堡包餐厅模式转变。我们都知道这让公司的收益翻了一番,因此我们能够合理地推断,新系统带来的真正增长至少能够达到1948年到1961年期间估值的两倍。

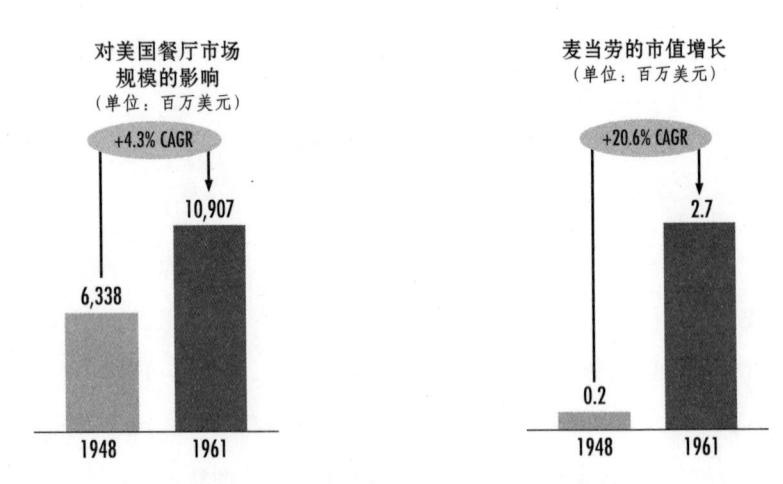

对美国餐厅市场规模的影响
（单位：百万美元）

+4.3% CAGR

1948: 6,338
1961: 10,907

麦当劳的市值增长
（单位：百万美元）

+20.6% CAGR

1948: 0.2
1961: 2.7

图表 8　麦当劳的早期增长（CARG：复合增长率）

OC&C 接下来分析了麦当劳市值在 1961 年到 2014 年的增长，在这段时期内，雷·克罗克和他的继任者们将简单的麦当劳公式推广到了美国全境和全世界。公司在 2015 年的市值为 930 亿美元，是

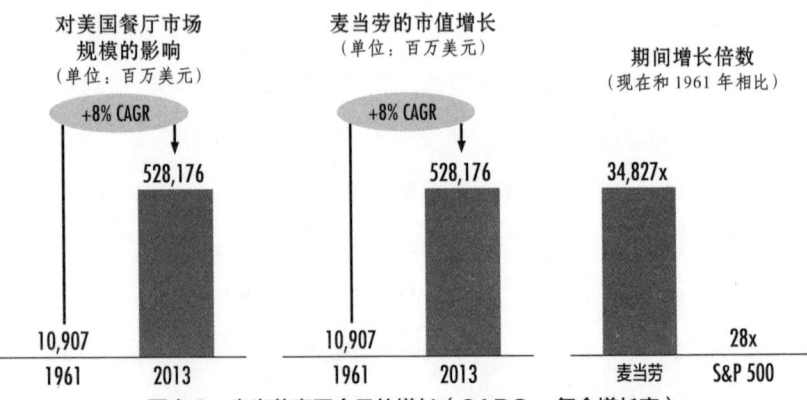

对美国餐厅市场规模的影响
（单位：百万美元）

+8% CAGR

1961: 10,907
2013: 528,176

麦当劳的市值增长
（单位：百万美元）

+8% CAGR

1961: 10,907
2013: 528,176

期间增长倍数
（现在和 1961 年相比）

麦当劳: 34,827x
S&P 500: 28x

图表 9　麦当劳直至今日的增长（CARG：复合增长率）

1961 年的 34,627 倍，实现了 21% 的复合年增长率。在这段时间内，没有可以与之匹敌的连锁餐厅，因此 OC&C 将麦当劳的增长与同时期增长了 28 倍的标准普尔（S&P）500 指数做了对比（见图表 9）。可以看出，麦当劳的价值表现比标准普尔指数高出了 1,249 倍。

这样令人印象深刻的业绩基于麦当劳边际利润扩张、市值与利润增长带来的惊人的收益增长（从 1961 年到 2015 年增长了 10,554 倍）。简单来说，市值增长相当于收益增长乘以 3。

但是，如果没有在过去 54 年内收益的指数级增长，麦当劳不会有现在这么高的市值。这对于市场增长率有怎样的启示呢？OC&C 发现，美国餐厅市场的价值从 1961 年的 109 亿美元，上升到了 2013 年的 5,262 亿美元，增长了 42 倍还多，年复合增长率达到 8%。但是，这当然大大低估了麦当劳、汉堡王（Burger King）、温蒂汉堡（Wendy's）这样的"快餐"店在美国和世界的实际增长率。如果我们假设麦当劳在 1961 年拥有汉堡快餐市场大概 95% 的份额，今天它在全世界拥有的市场份额为 50% 左右，市场规模增长了超过 20,000 倍，即持续超过半个世纪年复合增长率达到 20%。[2] 这全部都是因为简化的零售计划和 50% 的降价！

西南航空

在第 10 章，我们追溯了赫布·凯莱赫创造西南航空的故事。1971 年，西南航空从达拉斯到休斯敦或圣安东尼奥的旅程只要 20

美元，比之前的平均票价便宜了65%。而西南航空当年IPO价值只有650万美元。8年后，西南航空的营业额为1.36亿美元，营业净利润达到2,900万美元，市值则达到6,190万美元。在这期间，西南航空的市值增长了9.5倍，而同一时期美国航空的市值下降了40%，S&P500指数则只有10%左右的近乎停滞的微小增长。在这8年中，整个行业的收益几乎增长了3倍，但几乎所有全价航空都没能实现利润增长（见图表10）。

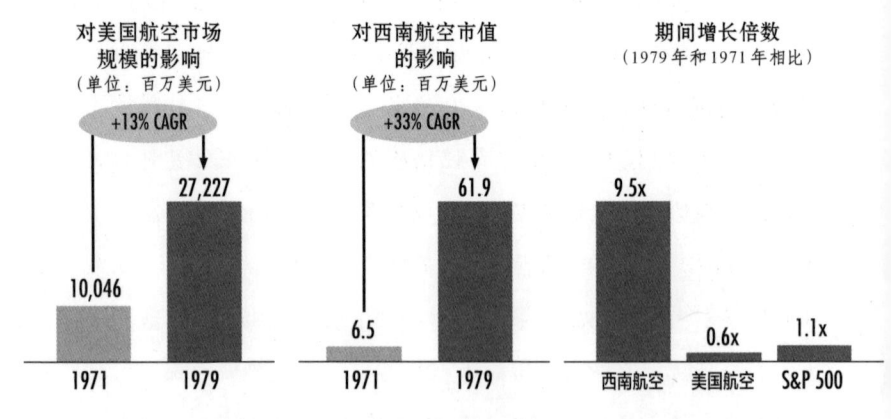

图表10 西南航空在20世纪70年代的增长（CAGR：复合增长率）

1979年，美国航空市场解除管制，西南航空作为"一家低成本航空"实现了巨大的扩张。到2011年，它已经成为运载乘客最多的美国航空公司，3年之后，它的收益比1979年（186亿美元）增长了137倍。在这段时间内，它的市值甚至增长得更快，以468倍的增长速度达到了290亿美元。与之相比，美国航空的市值则只增长了 74 倍（相较 1979 年的低基数），S&P500 指数则只增长了 19 倍（见图表 11）。价格简化者通过在最初几年迅速推广自己创造的方案，又一次在长期内展现出了巨大的价值增长和绝佳的业绩表现。

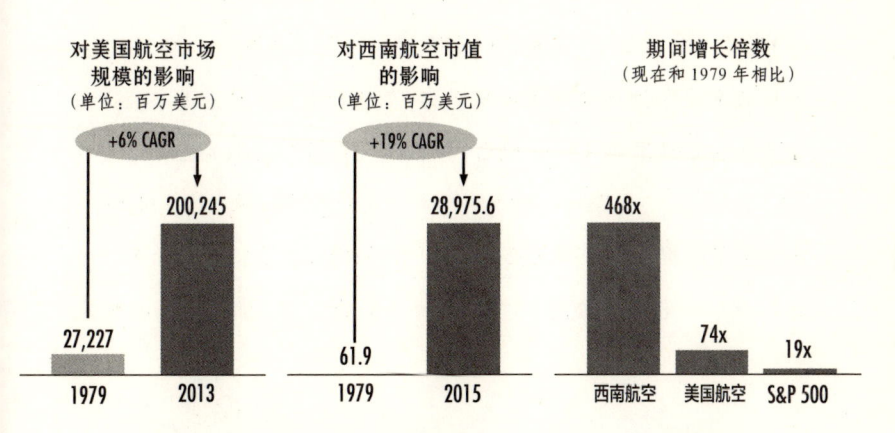

对美国航空市场规模的影响（单位：百万美元）
+6% CAGR
1979: 27,227
2013: 200,245

对西南航空市值的影响（单位：百万美元）
+19% CAGR
1979: 61.9
2015: 28,975.6

期间增长倍数（现在和 1979 年相比）
西南航空: 468x
美国航空: 74x
S&P 500: 19x

图表 11　1979 年至今，西南航空的增长（CAGR：复合增长率）

宜　家

正如我们在第 2 章所看到的，英瓦尔·坎普拉德通过一个专属的系统简化了整个家具行业。这个系统在每一个步骤中降低成本，尤其是宜家让顾客自行在家组装平整包装的家具这一创新，以及它所带来的运输成本的大量节约（在传统家具行业，这些成本可以占到总生产成本的一半）。坎普拉德坚持对产品进行设计，让它能够比原本的产品降价 50% ~ 80%。

1958 年到 1974 年的创业初期，宜家在斯堪的纳维亚的扩张带来了 56 倍的收益与市值增长，也就是每年 29% 的增长，但是对于宜家这种吝于给出经济数据和产品成本的私营企业，要计算它的真正价值，是难上加难。然而，我们知道，宜家在 2014 年的收益为 293 亿欧元，这是 1974 年公司首次进军世界家具市场时的 173 倍。公司对外宣称 2014 年的营业收入为 37.93 亿欧元，但这还不包括由宜家内务系统公司（Inter IKEA Systems）收取的占收益总额 3% 的"特许经营费"。如果这一高达 8.79 亿欧元的费用被纳入营业利润中，并且保守地乘以 10，那么我们就会得出宜家 467 亿欧元的全部"经济价值"。[3] 也就是说比 1974 年高 173 倍的价值，即 14.1% 的年复合增长率（图表 12）。

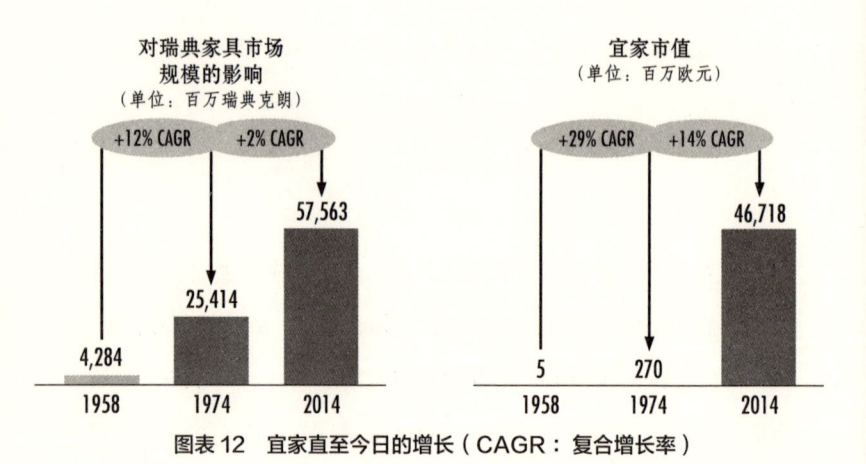

图表 12　宜家直至今日的增长（CAGR：复合增长率）

价格简化似乎再一次带来了长达数十年的市值增长。直观地说，我们可以把它理解为两种价格简化特征的相互作用。第一个简化优势是竞争安全和稳定的利润，因为没有对手能够实现相同的规模和低成本。尽管价格极低，但宜家依然有超过15%的运营利润，比主要竞争对手的两倍还高。

第二个价格简化的巨大优势就是它通过国际化实现增长，这不仅大幅提高了收益，还增强了规模与利润优势。尽管它的增长率现在放缓了，但在过去的25年间，宜家的年度收益增长达到了14%，行业其他企业的这一数值仅为2%。

嘉信理财

1975年，美国证券交易委员会解除了对经纪人佣金的限制，于是嘉信理财将佣金率大幅降低了80%。此后，公司又将佣金价格降到原来的十分之一。正如我们在第11章所看到的，公司进行了自动化，在1982年成为了第一家能够7天24小时全天候直接进入股票市场的公司。

从那以后，嘉信就始终是折扣券商的市场领导者，催化出的市场爆炸式增长，而嘉信从中获取了巨大的利益。这一市场从1975年的74亿美元，发展到2014年的2,720亿美元，实现了37倍的增长，也就是10%的年复合增长率。与此同时，嘉信理财的价值增长甚至更为惊人，从10万美元到2015年的435亿美元，实现了43,5471倍的增长，即38%的年复合增长率。公司最大的竞争对手，是既非折扣券商亦非价格简化者的美林证券（Merrill Lynch），但它在这整段时期内，只实现了48倍的增长。因此，在我们介绍的6位价格简化者中，嘉信理财在"价值创造表现"上博得头筹，因为它比最大的竞争对手的表现要高出9,165倍。在业绩方面，它的确自成一派。（想想过去一个世纪，福特只比最大的对手通用汽车的业绩高出49倍。）

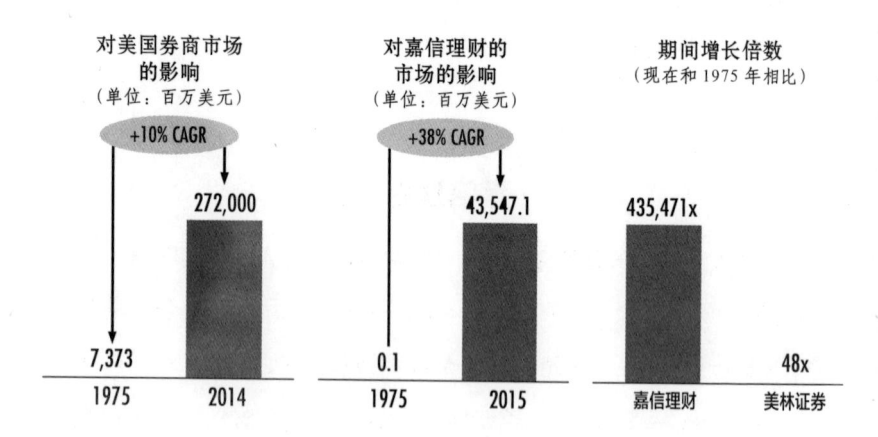

对美国券商市场的影响（单位：百万美元）	对嘉信理财的市场的影响（单位：百万美元）	期间增长倍数（现在和1975年相比）
+10% CAGR	+38% CAGR	
7,373 (1975) → 272,000 (2014)	0.1 (1975) → 43,547.1 (2015)	嘉信理财 435,471x；美林证券 48x

图表13　嘉信理财的增长（CAGR：复合增长率）

嘉信理财的故事再次强化了价格简化者的成功能够长久持续这一主题。有一件事很能说明问题，公司的利润曾经有过一次下跌，那是在2004年，与公司创始人同名的CEO查克·施瓦布辞职（Chuck Schwab），由长期担任副手的戴维·波特鲁克（David Pottruck）进行了为期一年的管理工作。波特鲁克背弃了公司传统，提高了价格，从而导致交易收益下降 26%。创始人于是再次出山，取消了佣金上涨，并通过再次降价将公司带到了新的高度。

本　田

正如我们在第 8 章所见，本田最初的错误在于它在首次进军美国摩托车市场时，忽视了极好的小型摩托，即排量为 50cc 的小幼兽。在川岛喜八郎的建议下[4]，公司后来改正了这一错误决策，而它本来可以避免这长达数月的混乱（和几乎为零的销售），如果它从一开始就遵循一条基本的价格简化规则：

- 如果你有一样设计精良、低成本，并且只需同类商品一半价格的产品，即使对手产品在技术上可能更优越，你也可以带着自己的产品勇往直前。

在这个案例中，同类商品就是美国（后来是英国）的小马力摩托车。本田的摩托大概比这些竞争对手的产品要便宜 70%～80%。当然，并非所有购买本地生产的价格更贵的摩托车的人都能够接受一辆来自日本的排量为 50cc 的摩托，但有意愿的顾客已经足够让本田在美国市场站稳脚跟。

小幼兽的性能没有竞争对手那么优越，但它的性价比很高。波士顿咨询公司在 1975 年对英国摩托车行业所做的报告显示，对于性能相似的摩托车而言，即使本田给员工的工资高出 45%，本田的平均人力成本依然只是英国的十分之一左右。这家日本公司之所以能做到这点，有部分是因为拥有更大的规模，但更主要是因为更好的设计和更低的生产成本。正如报告所说：

> 人们常说，本田是通过密集的广告宣传和促销活动创造了美国和其他各地的市场，我们将其称之为摩托车的二次应用；的确，本田确实以新的方式，将骑摩托的吸引力表现为"有趣"的活动……但是，这些宣传活动成功的基础，是作为公司主要产品的轻便摩托很有意思、很方便使用，并且不会出现摩托车普遍出现的机械问题，而且价格还很便宜。[5]

我们在第 8 章看到，本田进入美国市场，催化了摩托车市场的规模在 1959 年到 1975 年达到 10 倍的增长。在那一段时间里，本田也在模块化摩托车组件设计的帮助下，开始制造动力更足的摩托车。迫使诺顿-维利尔斯-凯旋（Norton Villiers Triumph）这样的英国摩托制造商不得不破产。然后，它又迫使美国市场领导者哈雷戴维森进行"分区撤离"，转向生产更大型的摩托车，这是本田不具备优势的唯一一个类别。

OC&C 的分析显示，本田的市值在 1959 年到 2015 年增长了 377 倍，它的主要对手哈雷戴维森则"仅仅"增长了 33 倍，所以本田的业绩表现比哈雷戴森高出了 11 倍（见图表 14）。

本田在汽车与其他领域也采用了相似的价格简化方式，将它的简单引擎科技发挥到了极致。

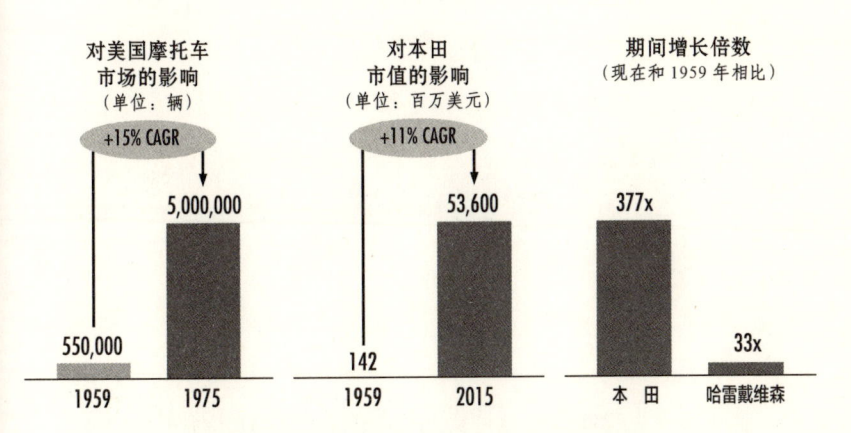

对美国摩托车市场的影响（单位：辆）
+15% CAGR
1959: 550,000
1975: 5,000,000

对本田市值的影响（单位：百万美元）
+11% CAGR
1959: 142
2015: 53,600

期间增长倍数（现在和1959年相比）
本田: 377x
哈雷戴维森: 33x

图表14　本田的增长（CAGR：复合增长率）

仅仅对6个案例进行研究在数据上是不够的，但它们之间的相似之处无疑很有意思。

- 每个案例中，将价格减半都让市场规模成倍增长；如果更精确定义的话（就像对快餐汉堡一样），它能在超过50年的时间里，每两年翻一番，实现千百倍的增长。
- 每个案例中，价格简化者的总收益都增长了好几千倍（在一个例子中是280,000倍）。
- 每个案例中，公司价值都迅猛上升，速度达到了数十倍、数百倍、数千倍、数万倍甚至数十万倍。
- 每个案例中，市值的年复合增长率都很惊人，从持续超过一个世纪的10%，到延续40余年的40%。
- 每个案例中，与没有进行简化的主要对手或是股票市场相比，简化者的表现也是惊人的，从高出11倍到超过9,000倍。
- 每个案例中，即使公司不再创新或是不再削减价格，市值增长也都会延续数十年。

接下来，让我们看看，OC&C选择进行分析的6位命题简化者，它们的故事是否会有所不同。

第 16 章

命题简化是否能带来回报?

> iPod 制造计划一开始,乔布斯就每天沉浸于这一工作之中。他的首要要求就是"简化!"他会检查每一个用户界面,并进行严格试验:他要求在三次点击之内就实现操作,而且点击必须是直观的。如果找不到打开某个页面的办法,或是需要超过三次点击,他就会暴怒。[1]
>
> ——沃尔特·艾萨克森

前文的 6 个命题简化者的案例分析告诉了我们什么?命题简化带来的回报能像价格简化一样惊人吗?

亚马逊

我们先从一个悖论开始讨论。亚马逊究竟是价格简化的例子,还是命题简化的例子,或是两者兼有呢?

我们决定将这家公司划为命题简化者,因为它让购买图书(之后是购买一般商品)变得极其便捷。关于这一点,有 4 个基本要素:

- 首先,亚马逊是网上图书销售(以及后来的其他商品销售)的先锋,提供了繁多的商品种类和便利,让人们不必特意跑去商店就能立刻购买到所有商品。
- 第二,亚马逊的"一键下单"系统让购买变得更加便捷,也是它的专利。
- 第三,亚马逊的评论和购买建议为购买决策提供了丰富的信息(也刺激顾客增加购买)。而且亚马逊也是这一系统的使用先锋,此后这一流程被广泛模仿,却很难再有所改进。
- 最后,亚马逊还建立了销售市场,让其他卖家也能入驻,再次为顾客提升了购买便捷性,增添了产品种类。

因此,在更好的使用便捷性的加持下,在亚马逊购物变成了一种享受,所以它很明显是一名命题简化者。

但它同时也提供了无法匹敌的低价。因此,它也是一名价格简化者吗?

OC&C 的计算表明,亚马逊给予畅销的实体书平均 32.7% 的折扣,而同一本书,Kindle 电子书的价格比实体版享有平均 53% 的折扣。这很明显不符合我们对价格简化者的基本要求,即价格必须下降一半，然而也相差不远。但是，也许零售商应该被看成一个特殊的例子，因为比起大部分企业，它们的商品成本——零售商总是先买后卖——在最终销售价格中所占的比重要高得多。（对所有企业而言）价格简化正确的衡量方式，应该是降价中所移除的"附加价值"的比重。价格降低之后，亚马逊在书籍上获得的附加价值并没有比购买图书的顾客的高多少。证据就是，亚马逊网站现在的净营业利润率只有销售额的1%，而其他的零售商（包括其他的网络零售商）为3%～15%。

正如我们之前看到的，威胁命题简化者的祸根就是，竞争对手可以模仿这些带来使用愉悦感的创新——亚马逊也没能例外。所有人现在都可以通过一键售卖在网上发布评价，提供推荐。许多网站现在也能够夸耀自己所提供的种类繁多的特定商品。竞争对手已经将亚马逊的Kindle从硬件到软件模仿了无数次。毫不意外，尽管亚马逊的大量顾客基础、令人羡慕的服务等级、繁多的产品种类和第三方卖家的庞大市场依然是它的优势，但这样的定位优势正在被侵蚀。因此最终，它也许会被认为更像是价格简化者，而非命题简化者，也不是价格简化者和命题简化者兼有的珍稀动物。虽然如此，但因为它始于命题简化者，因此我们还是将它放在了这一章。

那么，亚马逊在过去20年间给它的市场带来了怎样的影响呢？

按照价值来看，从1995年亚马逊成立开始，网上购书市场以平均每年21%的速度增长。亚马逊依然在这一市场占据统治地位（占网上图书销售的63%和全部图书销售的40%），[2]但是它在其他领域实现的增长更加惊人。亚马逊已经向电子消费品和其他产品扩张，为包括玛莎百货（Marks & Spencer）和法国鳄鱼（Lacoste）在内的商户提供网络命题简化经验，它的收益开始飙升，从1997年到2014年上升了176,000倍，这意味着每年都在翻番（即104%的年复合增长率）。除此之外，从1995年到2015年，亚马逊的市值增长了超过55,000倍，实现了惊人的73%的年增长率。与之形成鲜明对比的是在同一时段增长了1.1倍的巴诺书店（曾经的图书销售市场王者），以及增长了3.4倍的S&P500指数（见图表15）。因此，亚马逊（之于标准普尔指数）的价值表现高出了16,448倍（当然，和它的主要对手相比，这一数值甚至更高）。

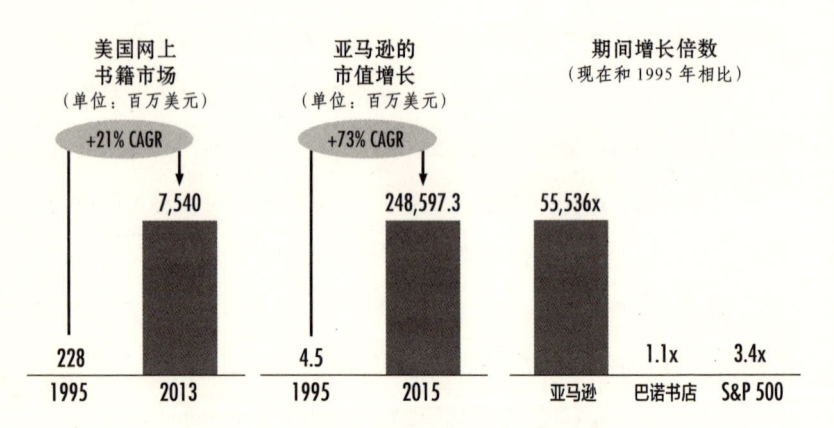

图表15 亚马逊的增长（CAGR：复合增长率）

你能同时成为价格简化者和命题简化者吗?

在正常的市场条件下,即所有竞争者都处在公平的竞争环境的情况下,答案是不能。为了便于讨论,我们稍有些武断地将"正常的市场状况"定位为科技变化率很低,因此所有竞争者都有相对平等的渠道获得生产与营销的基本科技,更新的科技由大家共享。除此之外,在正常的市场状况下,并没有其他强有力的非市场性效应,比如说严格的政府监管等。

我们很快就会说明为什么这很重要,但是首先,很明显,在正常市场状况下,价格简化商业模型和命题简化商业模型有一些本质上的不同。我们先看看价格简化。

我们都知道,价格简化是由单一首要的目的进行定义,那就是在成本与价格上具有明确的领导地位。跟随这个单一目标而来的就是一种集中统一、相对固化的商业形式。不存在市场细分,市场就是尽可能大的大众市场;也没有能与最低价格进行权衡取舍的实体产品属性;要实现规模经济和低价格,方法并无太大的差别。比如说,英国/爱尔兰的廉价航空和美国的廉价航空使用的是完全一样的科技,并且近乎神奇地完全一致。要实现必要的低价,需要更大的规模,这就要把握商业和生产系统设计中的每一个机会。这种对规模的要求,引致了生产系统与供应链中固定的连接,以便和更高的生产量相协调。通过引入资本设备可以自动化生产过程和减少人力,但这需要巨大的投资。这些资产具有很长的工作年限和投资回收期，这就意味着企业会在更长的一段时间里，甚至会更加缺乏灵活性，囿于僵化的工作方法之中。

命题简化则十分不同，因为公司必须应对好几个变量，而非只有价格。简化者瞄准了可能出现的大型细分市场或几个细分市场，并且为了针对目标市场对产品或服务按照实用性、使用便捷性和美观性的合适组合进行定位。竞争者可能会选择不同的属性组合，来侵蚀、包抄或重新划分产品简化者已经选定的位置。这就导致了由竞争推动的产品互斗与产品进化。比如说，iPhone设立了智能手机的基准；三星模仿了相似的概念，但使用了更大的屏幕；然后苹果又采用更大的屏幕来应对。因此，iPhone最后为了在差异化竞争中保卫自身领土，发展成为了一系列产品。

这种应对差异化竞争的需要，意味着简化者必须保持产品的灵活性，不要为了降低价格而优化。幸运的是，它有资本这么做，因为一个领先的简化定位能够延续高昂的价格和很高的利润率，这反过来又促进了生产系统的灵活性和应对灵敏度。在很多案例中，生产都被外包出去，以保证最大程度的灵活性。这与价格简化者固化、整合统一、对规模效力的设计和成本最优化的简化商业系统截然不同。这在产品方面实在是很不合适，很危险；这会让命题简化者过于暴露在竞争的风险之下。因此，命题简化者需要将主要精力放在生产这个演变迅速的领域内最简单、最吸引人的产品上，而非建立专注于削减成本的商业系统。

因此，在正常的市场中，这两种策略会导致截然不同、无法兼容的商业系统和要求。但是，如果我们抛弃科技是稳定的、所有人都能够平等利用它的这一假设，又会如何呢？

想象一下，你是轮子的发明者。你去到当地的专利办公室，为自己争取到了长期独家使用的法律权利。这就让你身处一个相当有意思的位置上。对这一新科技的不平等的使用机会，让你能够生产各种各样的从根本上优于原有物品（驴、马、运河船、轿舆、搬运工以及其他）的产品，而且价格还更便宜。你的新发明让你既能成为价格简化者，也能成为命题简化者！对某项特别出色的计划或科技拥有独家的使用权，就是让公司能够同时成功使用这两种简化策略的前提。

但是，对这位企业家和他的继任者，我们有一句提醒：所有的科技都会随着时间慢慢扩散出去。因此，在未来的某个时间，你必须选择一种策略，放弃另一种。如果你不这么做，竞争者最终会在价格简化或命题简化方面超过你，你就会被困在这两种不兼容的路途之中。

谷 歌

前面已经提到，谷歌的故事非常引人注目。它在1998年推出的搜索引擎比任何竞争对手都要好用、快捷，从而迅速地将当时的市场领导者AltaVista从地图上抹去。和其他成功的命题简化者一样，关键在于对用户隐藏了其内部流程的复杂性（即谷歌的算法），让产品看起来超乎寻常的简单。

从那之后，谷歌就改变了广告和整个传媒世界。从1997年（谷歌成立的前一年）到2015年，全球互联网广告市场从9.07亿美元飙升至1,710亿美元，年增长率达到惊人的34%。但谷歌的价值上升得甚至更快，年复合增长率达到135%，在2015年达到将近2,000亿美元（见图表16）。

从1998年到2015年，谷歌的价值上升了将近200万倍，这在我们研究所有的案例中也是最高的。同一时期之内，AltaVista已然销声匿迹，S&P500指数上升了1.7倍，雅虎则实现了3.5倍的增长。谷歌的价值表现比最大的竞争对手（雅虎）要高出600,000倍。这反映出了一个现实，即线上网络市场十分接近赢家通吃的状况，也

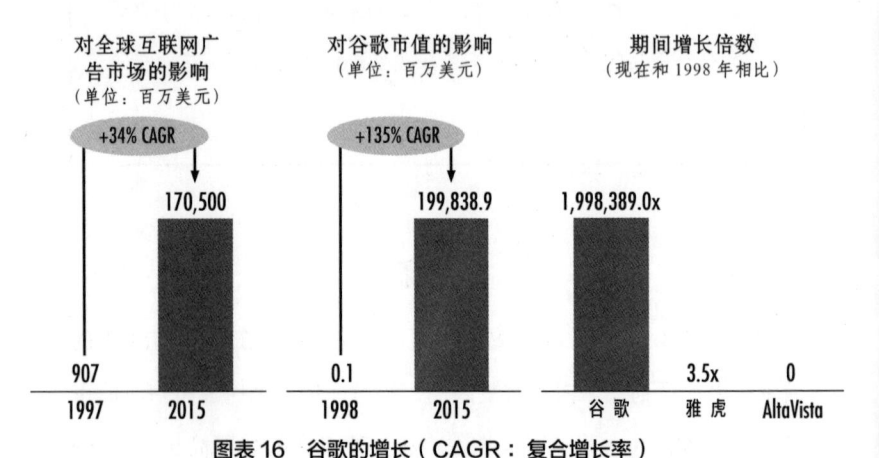

对全球互联网广告市场的影响（单位：百万美元）	对谷歌市值的影响（单位：百万美元）	期间增长倍数（现在和1998年相比）
+34% CAGR	+135% CAGR	
1997: 907　2015: 170,500	1998: 0.1　2015: 199,838.9	谷歌: 1,998,389.0x　雅虎: 3.5x　AltaVista: 0

图表16　谷歌的增长（CAGR：复合增长率）

就是说，最受欢迎的网站会获取统治性的市场份额，这可能是因为流动性，因为所有人都想使用其他人也在使用的网站，或是因为这个网站提供了最好的使用体验。谷歌比竞争对手更突出的业绩也反映它仅用短短的 16 年就增长到如此高的价值。历史上从没有哪个公司能有这样快速的增值速度（即使将通胀考虑在内）。

苹果（iPod 时代）

苹果成立于 1976 年 4 月 1 日。就像我们之前看到的，它在 1984 年靠第一台流行的"现代"电脑麦金塔电脑大赚了一笔。第二年史蒂夫·乔布斯被逐出公司之后，苹果失去了方向，1997 年，它几近破产。然而，乔布斯在当年年末的"再次入主"开始了苹果非凡的精简时代，并且推动了公司的复兴。乔布斯仅专注于两个型号的 Mac，通过制造市场上最易使用、最有趣的个人电脑，让苹果重新盈利。但是，在这一利基市场中的成长是有限的，贸然进入大众电脑市场也并非良策（当时苹果公司在电脑市场的份额只有 4%）。苹果是一名命题简化者，而非价格简化者。

那么，乔布斯能做什么呢？战略学教授理查德·鲁梅尔特（Richard Rumelt）在 1998 年与苹果的 CEO 见面时，告诉他，实际上他已经被困在角落里了。"他没有反驳我的言论，"鲁梅尔特回想道，"但他也没赞同这一观点。他只是笑着说，'我将会等着下一个大事件'"。[3]

我们现在都知道，下一个大事件就是iPod的诞生，这是另一个命题简化的绝佳例子。它从发布于2001年1月的iTunes开始。当苹果的团队试图将现有的MP3播放器与他们的新平台相连接时，以乔恩·鲁本斯坦的话说，他们发现这些播放器"很可怕，极其可怕"。另一名iTunes的团队成员菲尔·席勒（Phil Schiller）说："这些东西真的很糟糕。它们只能储存大概16首歌，而且你根本不知道怎么使用。"[4] 就这样，苹果开始了密集的研究过程，不到一年，乔布斯和他的团队设计出了一个简单得多的播放器。他的传记作者如是说：

> 所有简洁的设计中最富禅意的就是乔布斯那令人吃惊的判断，他说iPod不需要开关……突然之间，所有设想都实现了：一个能够储存1,000首歌的装置，一个让你能够操纵这1,000首歌的界面和滚轮，一个让你能够在10分钟以内同步1,000首歌的火线连接，和能够持续播放1,000首歌的电池。"我们突然就看着彼此说，这实在是太酷了，"乔布斯回忆道，"我们知道这有多棒，因为我们知道自己就很想要一个。这个概念极富简洁之美：1,000首歌就在你的口袋里。"[5]

更轻便、更时髦、更优雅，比其他任何音乐播放器都方便使用，iPod一夕成名。乔布斯和他的团队用激情造就了一件出色简单的产品。但它给公司赚到钱了吗？

从2001年开始，直到2007年苹果发布了下一项伟大的创新

iPhone，便携多媒体播放器的世界市场增长了160%，每年的增长率为17.6%。苹果的产品以其科技卓越性和价格震惊了爱好者们，399美元的价格让它成为市场上最贵的便携音乐播放器。网上有这么个笑话，说iPod意味着"蠢货给我们的产品定价（Idiots Price Our Devices）"。[6] 然而，正如我们在本书中所看到的，对于拥有真正具有突破性产品的命题简化者而言，他们能够坚持自己应有的回报：与价格简化者不同，他们不需要接受增长率与利润率的权衡取舍。

仅仅6年间，苹果的总收益增长了4.5倍，公司的市值从76亿美元猛增至1,670亿美元，实现了22倍的增长，即68%的年复合增长率。相比之下，微软的价值则略有下降，S&P500指数也只有微小的1.7倍上升（见图表17）。

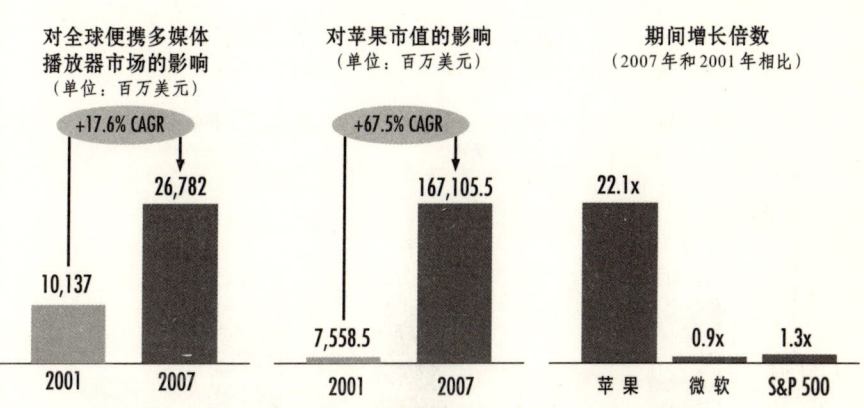

对全球便携多媒体播放器市场的影响
（单位：百万美元）
+17.6% CAGR
2001: 10,137
2007: 26,782

对苹果市值的影响
（单位：百万美元）
+67.5% CAGR
2001: 7,558.5
2007: 167,105.5

期间增长倍数
（2007年和2001年相比）
苹果: 22.1x
微软: 0.9x
S&P 500: 1.3x

图表17　在iPod发布之后，苹果的增长（CAGR：复合增长率）

安谋国际

安谋国际科技股份有限公司（Advanced RISC Machines）是 Acorn 电脑、苹果和 VLSI 科技共同组建的联合企业，成立于 1990 年。8 年之后，它更名为 ARM Holdings，在伦敦与纳斯达克股票交易所上市。位于英国剑桥"硅沼"（silicon fen）地区，ARM 是一名命题简化者，专注于设计更轻便、耗电量更低的半导体芯片，然后将它们授权给手机或平板电脑制造商使用。因此，它与这些市场（尤其是智能手机市场）有着共生关系，通过更具创新的设计加速这些市场的成长，并从中获益。在 1997 年，含有 ARM 内核的芯片销量为 900 万。到 2013 年，这一数量已飙升至 100 亿，年增长率达到 55%。在 2010 年，由 ARM 设计的芯片占到了智能手机芯片总量的 95%。[7]

ARM 在 1998 年的市值不到 10 亿美元。到 2015 年，它已经增长了 19 倍，达到了 197.73 亿美元，实现了 20% 的年增长率。与之

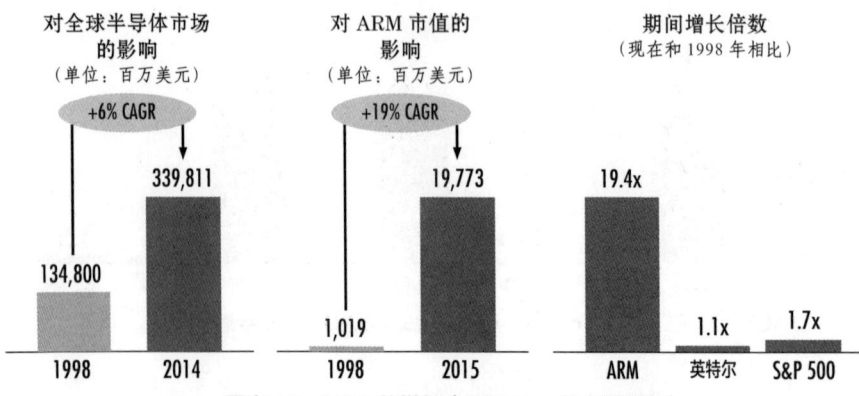

对全球半导体市场的影响 （单位：百万美元）	对 ARM 市值的影响 （单位：百万美元）	期间增长倍数 （现在和 1998 年相比）
+6% CAGR	+19% CAGR	
1998: 134,800 2014: 339,811	1998: 1,019 2015: 19,773	ARM: 19.4x 英特尔: 1.1x S&P 500: 1.7x

图表 18　ARM 的增长（CAGR：复合增长率）

相比，同一时间段内，英特尔（它也设计和制造芯片）的市值增长了 1.1 倍，S&P500 指数增长了 1.7 倍（见图表 18）。

利乐公司

鲁本·劳辛（Ruben Rausing）在 1951 年创办了利乐（Tetra Pak）这家瑞典公司。他的箴言是"包装必须比它的成本带来更多的节约"，也就是说，利乐包装为牛奶或是其他液态食品制造商节省下来的费用，必须比利乐收取的价格要高。最初为了储存奶油和牛奶而发明的四面体形状的包装，以及能够利用利乐特有的复合材料在牛奶或是果汁制造现场进行包装的新机器，让这一目标有了实现的可能。劳辛花了十几年的时间来不断改进这些创新设施，并且他的企业也因此实现了飞跃。

利乐的科技创新让公司的顾客——牛奶与果汁生产商——的工厂能够更方便地灌装、包装、运输和摆放在超市货架上。这些包装比传统容器的成本要高，但是除掉支付给利乐的费用后，公司却因此省下了更多的钱。因为不再需要大量的冷藏，也降低了变质的可能性，以及降低了运输、储存和处理费用。利乐公司给牛奶或果汁生产商带来的普遍成本削减在运营成本的 12% 左右，这是一个大数目，但还不够将让利乐公司成为价格简化者。然而，它为公司客户在使用上带来了便捷性，也带来了生产和物流速度加快，甚至为客户的客户（超市）带来的更多优势，这些优势足以让我们将利乐公司看成是命题简化者。

美国食品科技家学会将1963年推出的无菌"利乐砖"包装视为20世纪最为重要的食品包装创新。[8]尼尔斯·波尔（Niels Bohr）这位有史以来最伟大的物理学家之一，参观了公司位于隆德的工厂和研发设备之后说，他从未见过"对一个数学问题进行得这样充分的实际应用"。[9]

通过坚持包装事业以及持续为顾客提供质量更好的产品，利乐公司已经成为世界上规模最大、盈利最高的食品包装公司。2013年，利乐公司制造了1,800亿个利乐砖。从1951年到2014年，利乐公司的市值增长了2,800多倍，实现了超过13%的年复合增长率（见图表19）。

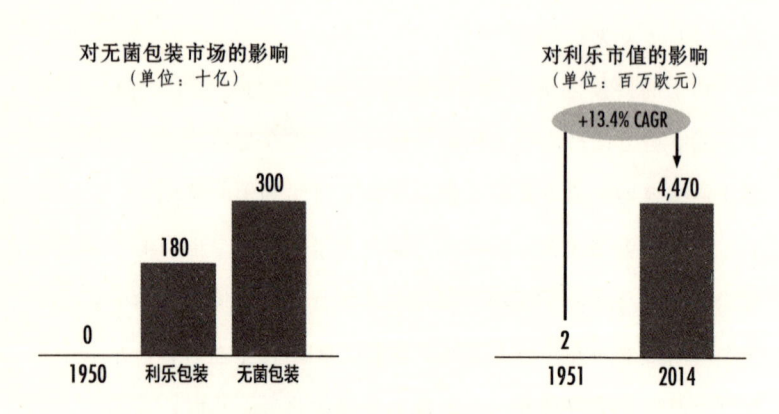

对无菌包装市场的影响
（单位：十亿）

1950	利乐包装	无菌包装
0	180	300

对利乐市值的影响
（单位：百万欧元）

+13.4% CAGR

1951	2014
2	4,470

图表19　利乐的增长（CAGR：复合增长率）

波士顿咨询公司

在第 5 章我们讲述了 BCG 的故事，以及它是如何彻底简化顶级咨询业务的。自 1963 年 BCG 成立以来，这家公司和它的创始人布鲁斯·亨德森可能是在全球商业思维和实践领域最具影响力的企业与人物了。

"战略咨询"将此前完全分开的两个领域——市场与金融相结合，为 BCG 本身带来了非凡的商业成功。除此之外，通过那些成为企业家和风投家并为自己和世界创造巨大财富的"校友"，BCG 实现了更大的影响力。然而，一项更狭义更传统的针对 BCG 所取得的成功的评估也同样让人印象深刻。据 OC&C（本身也是一家战略咨询公司）估计，1963 年到 2014 年，顶级战略咨询市场每年增长率为 16%，[10] 从 1963 年的仅仅 1,100 万美元上升到 2014 年的超过 210 亿美元，实现了 2,008 倍的增长。此外，这些成就都只使用了很少的资金。如果这样的增长率能够再持续 50 年，战略咨询顾问们就将统治世界了。但是，我们还是别考虑这种可怕的前景了！

我们应该注意到，OC&C 现在（理论上）对于波士顿咨询的估值为 158 亿美元。按照同样的估算方式，先前的市场领导者麦肯锡现在的价值将会是 321 亿美元。然而，正因为它在 1963 年的规模就已经很大，因此麦肯锡"只"增长了 761 倍（主要基于其收益），而 BCG 则增长了超过 28,500 倍！BCG 相对于最大对手在价值表现上高出大约 37 倍，对于开创这一行业的最大简化者来说，这是一个合理的数值。

我们要注意到，在以上计算中使用了"理论上"这个词。计算如麦肯锡、BCG这样提供专业服务的公司理论上的现金价值是相当困难的。然而，高盛集团的成功上市表明，准确地估值是能够做到的。必须承认，高盛是一家投行，而非咨询公司，而且它有配置部署大量资金和科技的优势。但是，它依旧主要依靠人力资本，就像咨询公司依靠咨询顾问那样。这两个行业最大的区别在于，投行的员工渴望并有决心快速致富，而咨询顾问们在这个方面的态度则要轻松一些。

事实上，一般而言，咨询顾问对让自己的价值货币化没有太大的欲求，价值货币化也不是咨询公司的文化。马文·鲍尔（Marvin Bower）作为麦肯锡的领导者和教父，终其一生都在努力让麦肯锡"这家公司（the Firm）"始终留有大写的F，让它始终保持着一家专业公司的状态，对他来说，真正的意义在于将客户利益置于公司利益之前。这样的精神也同样存在于BCG中。因为比起金钱，布鲁斯·亨德森对影响和观念更感兴趣。结果就是，麦肯锡和BCG，还有其他大多数咨询公司，都是由员工拥有和掌控的有效合作组织。公司也好，领导也罢，都不是亿万富翁。

因此，BCG也许"不值"158亿美元，因为它永远不会上市。这是一种自我施加的限制（碰巧，这也是我从没能理解的一点），但是，这对公司的成就并没有造成什么影响，而且与麦肯锡的对比也是完全公平的。所以，价值估计可能是不现实的，但相对表现却是无可争辩的，而这一切正是因为智慧的简化。

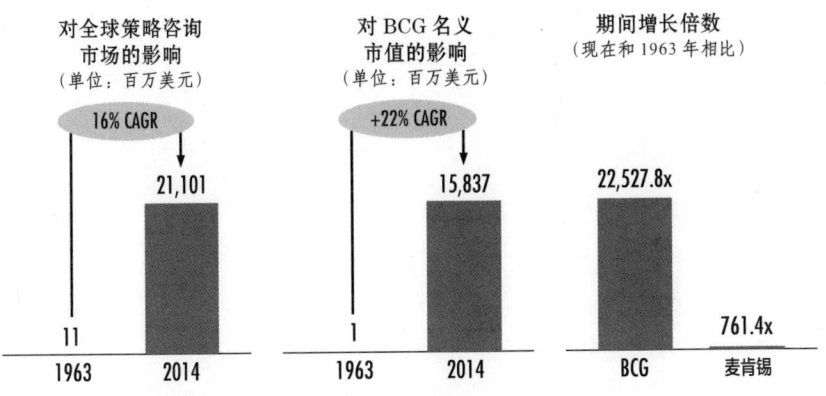

对全球策略咨询市场的影响
（单位：百万美元）

16% CAGR

1963: 11
2014: 21,101

对 BCG 名义市值的影响
（单位：百万美元）

+22% CAGR

1963: 1
2014: 15,837

期间增长倍数
（现在和 1963 年相比）

BCG: 22,527.8x
麦肯锡: 761.4x

图表 20　BCG 的增长（CAGR：复合增长率）

在下一章中，我们概括了所有 12 个简化案例中的公司的业绩表现，并且会观察简化者与非简化者在其他方面的相对表现。

第 17 章

简化的成功表现：

一次考古发掘

> 我们中的大多数人总是汲汲于今日，而对过去 6,000 年知之甚少。
>
> ——威尔·杜兰特（Will Durant）

本章我们将深入挖掘，寻找贯穿两种简化策略的经济力量。我们也将概括 12 个案例分析的结果，并了解 OC&C 的进一步研究，这一研究对比了利用简化进行创新的行业和运用其他方式进行创新的行业。

公司在市值增长方面表现如何？

图表 21 展示了从创立到研究期限内，12 家公司各自的市值增

250 | 极简法则

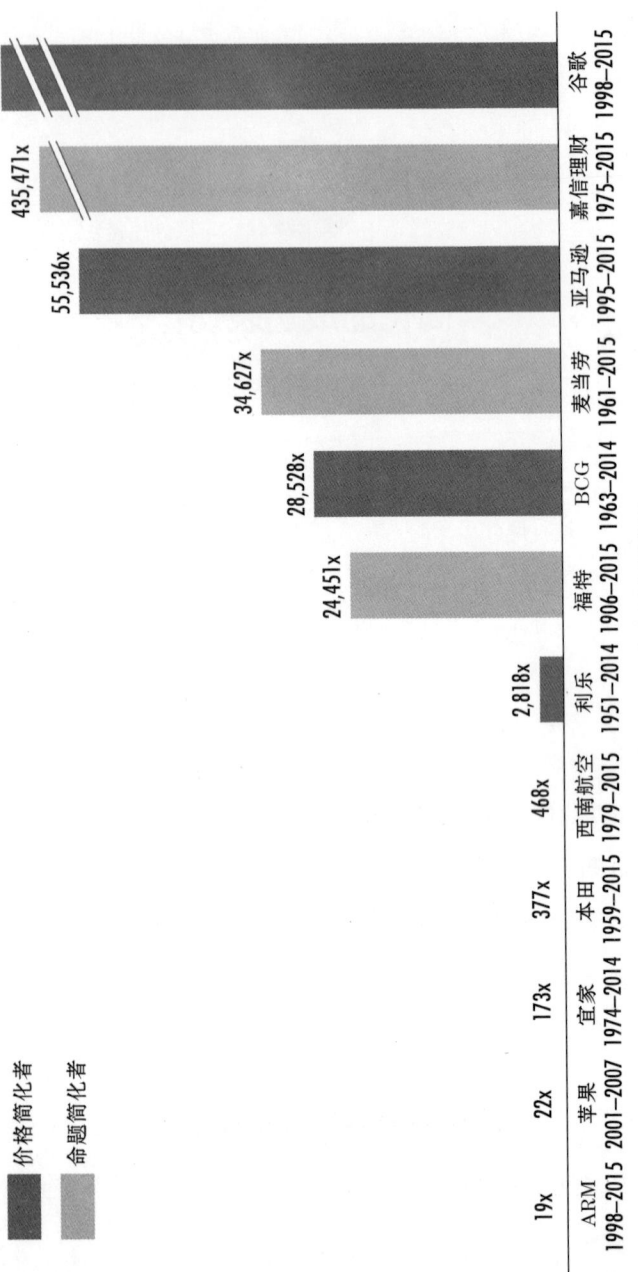

图表 21 12家公司市值增长

公司	市值增长	年份
ARM	19x	1998–2015
苹果	22x	2001–2007
宜家	173x	1974–2014
本田	377x	1959–2015
西南航空	468x	1979–2015
利乐	2,818x	1951–2014
福特	24,451x	1906–2015
BCG	28,528x	1963–2014
麦当劳	34,627x	1961–2015
亚马逊	55,536x	1995–2015
嘉信理财	435,471x	1975–2015
谷歌	1,998,389x	1998–2015

价格简化者
命题简化者

长。不过首先需要说明一下，这些增长状况的时段范围很广，从苹果 iPod 时代的仅仅 6 年（在这一阶段苹果公司的增长几乎完全依赖于这一设备的成功）到福特的 109 年。因此，在你阅读图表时，要考虑到时间段（它们被标在下方）的问题，在心里对数据进行修正。（我们会在图表 22 和 23 中消除时间段不同所带来的影响。）

但是，到底为什么我们要看每家公司的价值增长了多少呢？答案就是，你会看到，案例之间的变动很大。和更保守更传统的公司相比，这些增长水平都很高，但是它们可以从 ARM"仅仅"19 倍的增长，到谷歌几乎 2,000,000 倍的增长。考虑到这样的差异程度，不同案例中的年数不同就只是次要问题了。

图表 21 反映了三个显著的问题：

- 其中 6 个案例的增长十分惊人，从超过 20,000 倍到几近 2,000,000 倍。
- 所有 12 名简化者都实现了高增长，但是没有证据表明价格简化比命题简化更好，反之亦然。虽然 12 个案例是很小的样本数量，但我们可以由此推断，要获得最高的收益，与采用哪一种简化类型并无关系。当然，无论哪一种都能够带来惊人的增长。
- 要问为什么福特、波士顿咨询公司、麦当劳、亚马逊、嘉信理财和谷歌能够在市值增长上做得如此出色，我们可以看看它们各自的故事，看看是否存在相似的模式，当然，还有它们在简化上的热情。

福特：市值增长了 24,451 倍

亨利·福特的价格简化触发了大众市场长达一个世纪的发展。通过重塑整个行业，在关键的早期设计新产品建立自己的品牌，国际化（尤其是在欧洲），福特汽车获益颇丰。

BCG：市值增长了 28,528 倍

BCG 与福特可以说截然不同：它身处服务行业而非制造行业；它是命题简化者而非价格简化者；它针对高端市场而非中下层市场；它的主要驱动力是知识资本而非工厂与仓库投资。但是，BCG 和福特各自的成功，却能以近乎相同的方式来进行解释。

BCG 通过发明一种被创始人布鲁斯·亨德森称为"战略咨询"的新的主导产品，重塑了顶级咨询行业。在半个世纪的时间里，战略咨询市场实现了 16% 的年增长率；而 BCG 的收益增长甚至更高，达到了每年 22%。[1] 市场与 BCG 自身的增长都依托于国际扩张。正如我们所看到的，福特也革新了整个行业，让它在超过 50 年的时间里在全球迅速发展。

除此之外，BCG 还获益于命题简化者的两个典型要素：

- 首先，它的已经很高的毛利率，随着时间变化上升了一点儿。这让公司能够招聘到资质上佳、初出茅庐的人才力量……反过来，这些力量又进一步稳固了高利率。

- 其次，和福特不同，BCG 不需要筹集很多的资金就能够实现快速扩张。它的运营资本来自于对员工的延期付款，这让 BCG 能够避免依赖外部资金。

麦当劳：市值增加了 34,627 倍

对麦当劳的解释和福特或波士顿咨询公司大抵相同：麦当劳创造了自己的市场，也就是在此后 60 年间以指数形式增长的"汉堡快餐"市场。

公司从 1961 年到 2015 年期间由雷·克罗克和他创造的系统所领导，在这一期间，麦当劳实现了最高的增长率——以每年 20% 的速度增长了 30,000 倍。我们已经看到，克罗克采用了麦当劳兄弟极其简单、削减和简约了步骤的系统，并且通过大规模、史无前例的店铺扩张，进行了大批量生产。克罗克扩大麦当劳规模的方式十分有效且快速，因为系统核心相当简单。它能够轻松地实现翻番，经济效果很是惊人。公司有大量的资金需求，但大部分最初都外包给了保险公司，后来则外包给了其他资金提供者和特许经营商。

毫无疑问，它的品牌和形象标识，也就是金色拱门和 Big Mac 同样十分重要，但它与福特和 BCG 的相似之处也不能忽视。同样地，国际扩张也使公司延续了好几十年的增长。

亚马逊：市值增加了 55,536 倍

亚马逊的价值增长不能简单地以专注单一目标市场的增长来

解释。和 20 世纪 90 年代末期开始，线上书籍市场每年"仅有"的 21% 增长率相比，亚马逊的增长既突然又迅速。除此之外，同一时期亚马逊在这一市场中的份额，从 100% 下降到了 60%～65%。

因此，我们需要为亚马逊的非凡成功寻找另一个解释。答案就在于，这家公司有效利用了顾客基础，开拓其他商品的市场，使用超低价格和绝佳的服务让顾客生活更加便利。亚马逊几乎已经拥有了所有种类的零售商品，并且着手继续国际扩张。但后者看起来还有很长的路要走。

嘉信理财：市值增长了 435,471 倍

嘉信理财延续了福特、波士顿咨询和麦当劳的模式：通过产品简化和极大的规模创造了巨大的市场增长。嘉信的价格和成本都远低于竞争对手们，当对手们开始模仿这一系统时，嘉信已经占尽了所有先机：与产品同名的品牌，再加上更丰富的经验和更大的规模，让任何对手都无法在提供同样价格、同样服务的同时还能赚到钱。嘉信理财也得益于国际扩张，尽管扩张的程度还比不上市值增长最快的公司。

谷歌：市值增长了 1,998,389 倍

谷歌的业务已经十分多样化，但它的盈利依然基于世界上最简单、最好的搜索引擎。它延续（并拓展了）福特、波士顿咨询公司、麦当劳和嘉信理财的模式，即通过创造与改善最简单、最快速、最

实用的搜索引擎，大大地扩张了市场；谷歌也得益于将用户和广告商吸引到这一网站上来的网络效应；最终，谷歌统治了世界。

当然，正如我们在本书中一直强调的，价格简化与命题简化有着根本的不同。你做些什么，你该如何做，以及你应该向高端市场走还是下层市场走，都在很大程度上取决于你采用了哪一种简化策略。但是，有时我们能够得到的启示是，非常成功的简化者们的价值增长公式，其实贯穿了两种简化方式。

仔细检查我们这12个案例分析的"经济成功考古结构"，我们可以察觉到两个主要模式：

- 福特、波士顿咨询公司、麦当劳、嘉信理财、谷歌、安谋、西南航空、宜家和利乐公司，它们所选择的路径。它的基础是开发出比前任便宜得多，或好用得多的新的简单产品，让它刺激市场发展到公司价值能以此作为平台实现指数形式增长的程度。要达到这样动人心弦的增长，必备要素就是基于拥有大规模以及/或网络优势的通用（或是近似通用）产品的国际化。

- 亚马逊、苹果和本田所选择的途径。公司设计出某个基于简化用户体验的产品，比如说一个引擎，一件电子设备，一种新的做生意的方式，这件东西要能依次在好几个不同市场被复制出来。每一个新市场或产品都建立在由其他产品或市场所保障的简化和竞争优势之上，并巩固了这种简化和竞争优势，而其他产品或市场的一系列保障方式包括：通过增加顾客基础，向每位顾客售卖更多的产品，在销量增加的同时也降低了成本；或通过在不同环境中使用公司的技术，不断降低成本并巩固技术基础；通过增强公司对供应商和其他市场参与者的影响；最重要的是，不需要投资与创立成本就能在新市场实现快速增长，而这是在其他市场中缺乏技术磨炼的市场新入者通常要面对的难题。

公司在价值年增长率方面表现如何？

尽管以上对市值的绝对增长的探究很有意思，我们还能够通过调查12家公司的年度复合增长率，来对这些公司进行更公平地对比。但是，请记住，数据并没有去除通胀的影响。从1900年到1950年，美国的年度通胀率平均是2.2%；在接下来的50年，则是4%；从2000年到2013年，通货膨胀率又下降到2.3%。[2] 因此，大体上可以说，我们需要从数据上减去2到4个百分点。另一方面，OC&C的数据没有包括每年由公司支付的股息，大约在市值2到4个百分点。因此，通胀和股息的影响基本上相互抵消了。所以，我们在此所举的数据和"实际"回报率非常相近。

长期内，每年能够实现10%的实际回报率的公司，表现都十分强劲。15%的年复合增长率堪称出色。超出20%可谓卓越；如果它还能将这样的增长率延续数十年，那简直就是梦寐以求的结果。

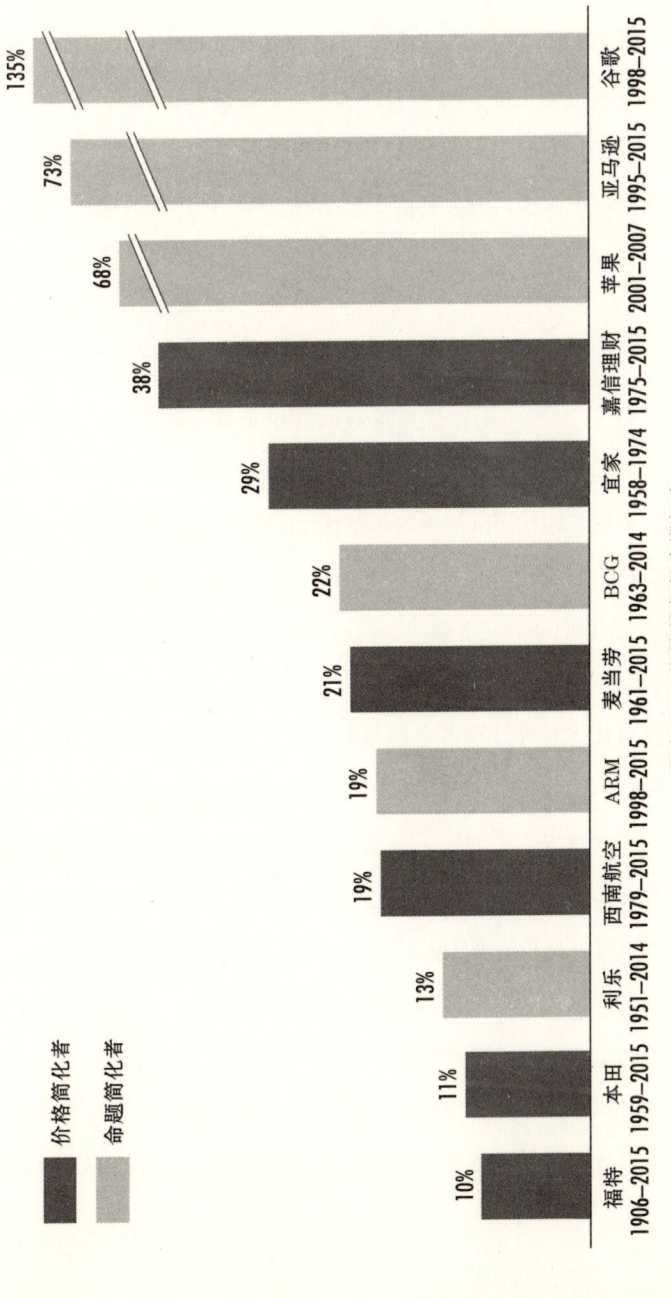

简化的成功表现：一次考古发掘 | 257

价格简化者
命题简化者

公司	期间	增长率
福特	1906–2015	10%
本田	1959–2015	11%
利乐	1951–2014	13%
西南航空	1979–2015	19%
ARM	1998–2015	19%
麦当劳	1961–2015	21%
BCG	1963–2014	22%
宜家	1958–1974	29%
嘉信理财	1975–2015	38%
苹果	2001–2007	68%
亚马逊	1995–2015	73%
谷歌	1998–2015	135%

图表 22 市值的年复合增长率

所有被调查的案例的结果都非常惊人。即便这样，表现最好者与最差者之间的差异也相当巨大。谷歌、亚马逊和苹果的数据明显令人震惊。但利乐、麦当劳、波士顿咨询和嘉信理财（按升序排列）也尤其值得关注，因为它们在长期内保持了持续的高增长率。

公司的表现比对手强多少？

对12家公司进行排名最后或许也是最好的方式，就是查看它们的表现胜过最大的市场竞争对手多少（如果没有可比的竞争公司，就与最相关的股票市场指数相对比）。我们决定将利乐和宜家排除在外，因为它们没有具有有效数据的直接对手，进行指数对比也比较棘手。（它们都成立于瑞典，但后来走向全球，还都是非上市私营企业。）所以我们将剩下10家公司与它们最大的对手（或是股票市场）进行对比，并且计算了它们相对于对手的表现。计算方式为在某一段时期内，公司的市值增长除以主要对手（或是股票市场）的市值增长。这从根本上消除了通胀的影响（因为通胀对两方的影响是平等的），尽管这一方式依然不够完美，但它已经是尽可能纯粹的对业绩表现进行比较的方法了。

每一家公司的得分都很高，至少都要比股票市场指数或最大的对手高上11倍。波士顿咨询公司和福特的表现（分别比主要对手高出37倍和49倍）都很惊人。麦当劳、嘉信和亚马逊简直就不属于这个世界。谷歌的表现，我们根本就想不出一个合适的形容词来描

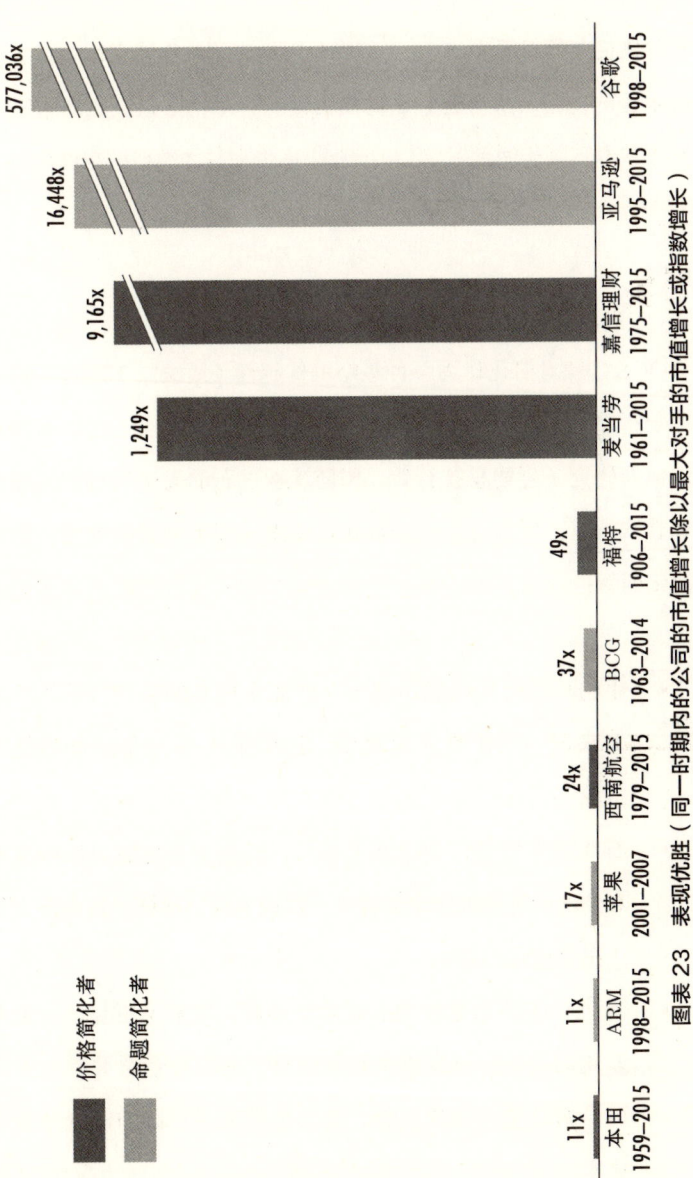

简化的成功表现：一次考古发掘 | 259

图表 23 表现优胜（同一时期内的公司的市值增长除以最大对手的市值增长或指数增长）

价格简化者
命题简化者

公司	倍数	时期
本田	11x	1959–2015
ARM	11x	1998–2015
苹果	17x	2001–2007
西南航空	24x	1979–2015
BCG	37x	1963–2014
福特	49x	1906–2015
麦当劳	1,249x	1961–2015
嘉信理财	9,165x	1975–2015
亚马逊	16,448x	1995–2015
谷歌	577,036x	1998–2015

述它！比最大的对手高出 50 万倍的表现简直就是你能在商业世界看到的永恒的差距。只有将谷歌的简洁性与全球网络效应相结合进行复制（基本不可能做到），才可能在未来带来与之类似的东西。

全行业简化

OC&C 针对简化作为一种策略的优越性（或缺陷）进行了最后一个分析，这次分析通过衡量全行业而非单独的公司进行。具体来说，他们研究了生物科技行业、国防工业、石油天然气行业、制药业和软饮行业，所有这些行业都在近年来出现了巨大的创新，但并非简化创新：

- 生物科技行业已经出现了一些非常精彩的实验，但从本质上来说，它始终非常复杂。这似乎不是一个适合简化的行业。
- 石油与天然气行业出现了增长，但这主要是因为深海探索和焦油砂等愈加复杂的提炼手段的实现。同样，这也没有什么适合简化的理由。
- 制药业选择了更加复杂的化学分析，带来了更复杂、更专业化的药物。研发成本稳步提升，而且企业合并看上去阻碍了新企业的简化创新，而且也带来了更高的监管壁垒和成本。

- 由若干美国承包商引领的国防工业，在持续宣称高额资金支出是为了挽救更多士兵生命的同时，创造了更精密、更具杀伤力的武器。
- 1886年，拙劣的药剂师约翰·史迪思·彭伯顿（John Stith Pemberton）在短短几个月的时间里，调制出了可口可乐的配方。自此这家公司就一直与众不同，因为直到现在，带来大部分盈利的还是三种非常简单的产品：可乐，健怡可乐和芬达，尽管它这么多年来试图多样化软饮种类，但都失败了。给市场带来创新产品的使命被留给了更小的公司，一些小公司在这一点上做得十分成功。然而，这些新产品做工越来越精细、种类越来越多，比如说无糖饮料、维生素饮料、运动饮料，等等。因此，这一行业与它的竞争结构变得比以前更复杂了。

OC&C查看了1994年到2014年间这5个行业（除去股息）的美国股票市场增长率，并将这些增长与5个"简化"行业——电子消费品，媒体，互联网，零售和软件的增长进行比较。OC&C的分析师选择这5个行业，是因为它们居于共同趋势——提供更简洁的产品和服务，以及低价（在某些案例中是异乎寻常的低）且更便利、使用更方便、更小巧但功能更强大的设备。记住，OC&C并没有对这些行业彼此的简单程度进行判断；他们所做的，仅仅是确定随着时间变化变得更复杂的5个行业和随着时间变化变得更简单的5个行业。

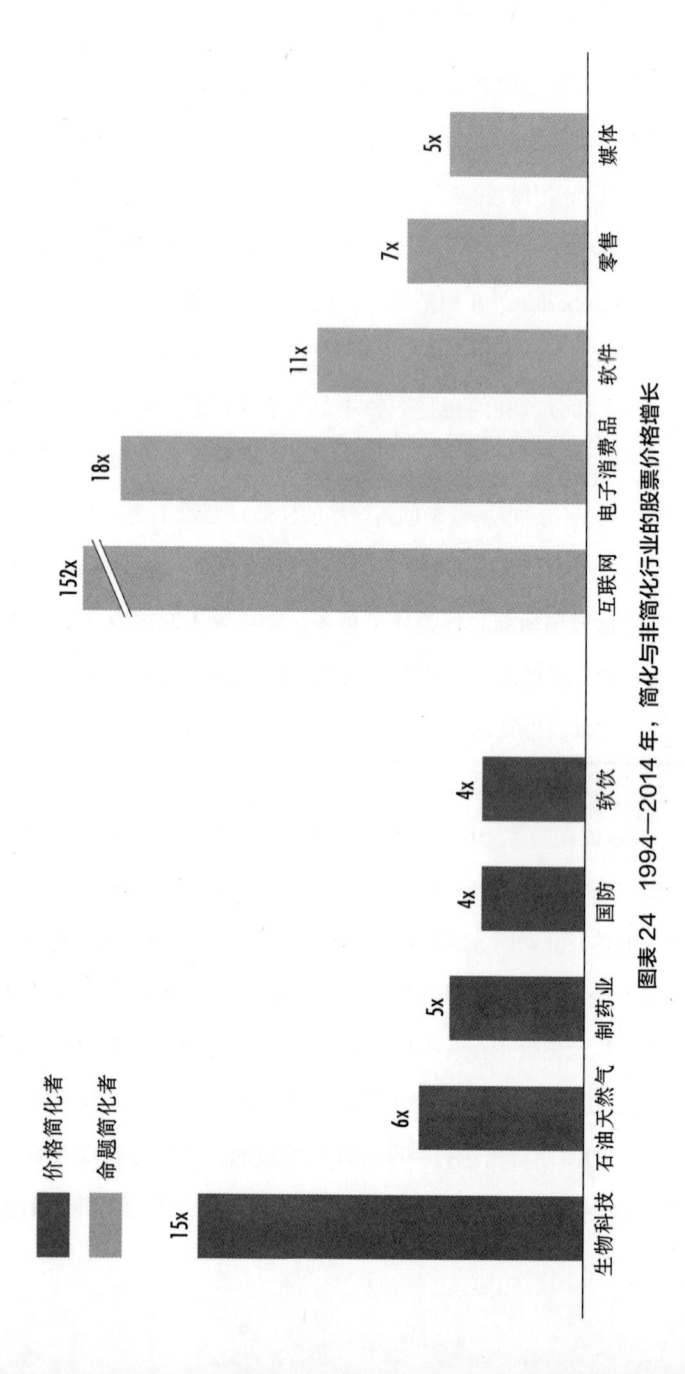

图表 24 1994—2014 年，简化与非简化行业的股票价格增长

- 价格简化者
- 命题简化者

行业	增长
生物科技	15x
石油天然气	6x
制药业	5x
国防	4x
软饮	4x
互联网	152x
电子消费品	18x
软件	11x
零售	7x
媒体	5x

我们可以在图表24中看到，非简化行业的市值增长率在4倍到15倍之间，而简化行业的市值增长则在5倍到152倍之间。非简化行业的平均增长为6.8倍，简化行业的平均增长则为38.6倍（虽然后者的数据受到互联网行业巨大增长的影响）。非简化行业的增长中位数是5倍，简化行业则是11倍。

结 论

- 12家简化公司都展现出了非常高的市值增长和年增长率，其表现要显著胜过对手公司或是股票市场指数。
- 价格简化和命题简化的回报都很高，没有证据表明其中一种策略的经济回报要高于另一种策略。（但是，研究中的样本数量相对较小，因此范围更大的研究也许可以揭示一些我们没能发现的不同。）
- 所有12名简化者的价值增长都延续了数十年，即使简化创新的主要阶段早已结束。当然，回报率最终开始回归平均水平，但它们的确在惊人地在长时期内保证了高水平的增长。
- 在本书中，我们已经强调了这种长期高回报率背后的经济因素：降价50%或让产品和服务具有使用愉悦感促成市场规模的增长；以彻底的简化创新获得成功的公司不断积累品牌与口碑优势；大规模、经验和／或网络效应带来的更低的成本。所有这些因素结合在一起，使简化公司的经济效益要远远优于没能简化到这一程度或根本没进行简化的对手公司。剩下的，就是由简化公司决定，是选择未来市场份额增长带来的更高回报，还是更高的利润。无论选择哪一种，都会是一个良性循环，持续加强公司的竞争优势和安全性。即使在不再进行创新的情况下，这样的良性循环似乎也可以持续很长一段时间。然而，这是偏直观和理论意义上的解释。它们意味着价格简化者和命题简化者的优势会有所不同。对长期回报率的深入研究的好处是，我们可以得到更深入、更能证实的解释，来说明简化公司是如何获取较高且持续的回报的。我们先抛开先入为主的观念，仅仅关注这些收益是如何形成的。我们发现了两个主要的模式：市场爆炸性增长模式和客户体验革新模式。

市场爆炸性增长模式

在这一模式中，简化公司创造了一样具有显著优越性的产品或服务，其优越性要么体现在极低的价格上，要么体现在使用愉悦感上，并且让这样产品本身就出现了指数形式的增长。通过在本地市场（比如说北美、日本或是欧洲）的推广，以及不懈的国际化过程，这种简单的新产品或服务使得市场规模扩张了百千倍，并且能够实现这一点的似乎只有"通用"产品。而规模、经

验和 / 或网络效应成倍增加，让简化创新者们的优势更加明显。价格简化者和命题简化者都从这一过程中获取了丰厚的回报。价格简化者包括福特、麦当劳、宜家、嘉信理财和西南航空，命题简化者则包括波士顿咨询公司、利乐、安谋和谷歌。（在对成功公司的"考古"中，唯一有些例外的是西南航空，它没能成功地在美国以外的市场复制自己的模式，反而是瑞安航空和易捷航空这样的欧洲廉价航空将西南航空的创新推向了全球。）

客户体验革新模式

这样的革新在某种产品或服务领域非常成功，于是很快就被推广到其他产品和服务中，以成吉思汗、凯撒或是拿破仑那样的迅猛攻势入侵了新的竞争领域，带来了非凡的快速增长。本田、亚马逊和苹果都采取了这一措施。这三家公司一家是明确的价格简化者（本田），一家是明确的命题简化者（苹果），还有一家是确定的命题简化者但也许同时也是价格简化者（亚马逊）。因此，我们相信，革新－入侵模式对两种类型的简化者来说都是有效的。[3]

- 要从简化中得到最大的经济回报,我们建议公司要么采用市场爆炸式增长模式,要么采用革新–入侵模式。但是,同时采用这两种模式也是可能的。也许麦当劳基于雷·克罗克完善的技能,不止局限在"快速汉堡"市场,还能进军"快速厨房"和其他快餐市场:专注于少数几样菜品,低价格,强调产品质量和服务速度,干净光洁的餐厅环境和洗手间,为儿童准备的娱乐项目,对连锁商严格控制以保证始终如一的质量和经济效应,网点发展和金融服务,取得美国市场的统治地位并且进行先发制人的国际化,延续半个世纪的宣传活动与不懈的品牌构筑。克罗克几乎是完美地运用了市场爆炸性增长的公式,但他完全错过了或者说忽略了磨炼完美的技能和资源,来(以不同公司和不同品牌的形式)革新和入侵其他快餐市场。也许要同时完成这两个模式在管理上几乎不可能实现,但克罗克无疑能够在广袤的产品种类中建造快餐市场的通用模式。

- 最终,无论你的公司追求哪种简化,无论采用哪一种市值最大化的模式,在本地市场与全球市场的扩张都至关重要。抢在你的对手之前让你的简化产品或服务遍布全球,意味着简化将带来天文数字的回报。

第 18 章

简化的界限、力量与荣光

战略的精髓,就是你必须为想要完成之事设限。[1]

——迈克尔·波特(Michael Porter)

愚蠢与天才的不同之处就在于天才有其界限。

——艾伯特·爱因斯坦(Albert Einstein)

想想维米尔(Jan Vermeer)的《戴珍珠耳环的少女》这幅杰作,暗色的背景映衬着一名年轻少女的身躯和脸颊,她侧身,红唇微张,睁着大大的眼睛凝视过来,仿佛看画人突然引起了她的注意。她鲜明的脸庞在对比极强的暗色背景,呈现出几近 3D 的效果。维米尔不仅知道如何描画这位少女,还很清楚怎样画出能突出她迷人外表的背景。

所有事物都像这样,无论它是一件实体物品还是一个抽象观念,它都是由是与不是的边界所定义。但是,尽管你能以感官注意到一件物品的边界,但却无法以同样的方式感知由两种简化方式代表的绝佳商业策略的抽象观念的边界。因此,要分辨出什么是简化什么不是简化明显需要更多的努力。

是否有切实可行的非简化策略?

当然是有的。想想家具行业,它催生了上万家公司,却只出现了一个宜家。而宜家的竞争者不是也不可能是成功的价格或命题简化者。然而,有不少公司,包括一些相当成功的公司,在宜家强大的价格简化策略面前闯出了自己的路。在某种程度上,家具行业就像一个自然的生态系统,比如热带丛林。食物链顶端只有少数几种生物,但还有上千种较小的物种,它们在生理、繁殖特征、防御机制、栖息地、被动行为、捕食、共生与寄生等多种行为上千差万别,这些实际上都是自然选择策略。这些也许并不是最强有力的策略,但都是可行的策略,因为公司仍处在运营发展状态中。许多物种现在都灭绝了,因为在这个不断进化的市场环境中,它们的策略被更成功的策略所淘汰。如果我们只关注于简化公司,那么我们就没能留出与我们所描绘的这样美丽的生物形成强烈对比的集中留白空间。我们就无法看清,究竟什么是简化,因为我们无法看清究竟什么不是简化。

回到工业生产与商业的丛林，竞争的不同方式都是怎样的？其中哪些至少是在现在可行可持续的竞争策略呢？有三种主要形式：精益求精策略、发明策略和发现策略。

精益求精策略

精心制作是简化的反义词：它意味着让产品或服务更复杂。它可以是非常成功的策略，比如说奢侈品与高端服务。百达翡丽（Patek Philippe）超复杂功能计时腕表系列（有不同款式）的价格为上万英镑，产量非常稀少，全手工制造，并且在机械构造上极度复杂。这些都是罕见且美丽的手表，存在于一个完全不同于价格简化和命题简化的"大众"策略的世界之中。即使是那些针对愿意付更高价格的顾客的（命题简化）公司，简化产品也是为了更大的市场，为了开发出能够大批量生产的通用产品。相比之下，真正的奢侈品市场往往定位明确且故意排外，产品的复杂性和稀有性就是最吸引人的属性，目的就是通过绝妙的产品制作，彰显少数高端人士的独特财富与身份，简单的功能和便宜的价格会被唾弃。

类似的还有定制产品与定制服务。比如说，企业软件这样与公司现有系统与惯例相匹配、相结合的大型系统。企业软件通常充斥着大而无当的首字母缩略：企业资源规划系统 ERP（enterprise resource planning），管理信息系统 MIS（management information systems），物料需求计划系统 MRP（materials resource planning），等等。每一次新部署都要将多种来源的多种信息结合在一起，而各个信息的来源又会有或细微或重大的区别，使得这种产品每一次安装都需要精确匹配而变得异常复杂。于是也就带来了不能忍受的成本增加，但顾客往往被困在这一系统中，因为他们觉得对公司来说这些系统是不可或缺的，做出改变的成本甚至会更高。这就像是上瘾者与药物之间的关系一样，提供企业软件的公司赚取的巨大收益连药贩子都会眼红。

精益求精策略的最后一种类型，就是开发越大越好的产品。长期来看，这些产品通常做不到奢侈品或定制商品那样的成功，但它们可以享受短期的高速增长。产品会变得更大——或是更结实、更快速——以寻求规模经济或某种效用，但也会变得极其复杂、很难制造，而且通常来说很难使用。但是，它们代表了产品种类中一个有意义的部分，那就是复杂化了的产品比原产品性能更好，或具备了原先不可能拥有或无法拥有的功能，使得这种产品的复杂性能被接受。即使它们的复杂性提高了经济及其他成本，这样的产品依旧扮演着重要角色。想想巨大的空客 A380，这一将飞机的尺寸和引擎延伸到极致的技术奇迹，承载着设计师荣耀。但是，A380 也将空客公司和它的顾客带到了商业运营可行性的边缘。尤其是飞机的复杂性让它难以找到足够大的市场获取高额利润。因此，它也许会像阿波罗计划、悍马、"协和式"超音速飞机这些惊人之作一样，最终消失。

发明策略

有一些发明实现了简化；另一些发明则变得更复杂；还有一些发明两者兼有。轮子的发明是简化，空客 A380 则更复杂。但是，四轮大马车与双轮轻便马车相比，既有简化的地方，也有复杂的地方。同样地，尽管汽车比马车更快更舒适（因为具有使用愉悦感所以汽车是命题简化），但也明显地更加复杂，而且制造起来更加昂贵，需要驾驶与养护技巧，以及全新且复杂的道路与交通控制基础设施，这都与简单的马车世界形成了鲜明对比。

网上会面或网友关系会比老式的面对面约会更好吗？

在某些程度上，有一些发明兼具吸引力与商业成功性，但最终它们让我们的生活与它们的价值更复杂，甚至违背了初衷。然而，我们很难质疑这样一种观点，即简化是一条单向街道，也往往是被经常使用的方法。

发现策略

发现，即找到而非发明某种东西，即使在不进行简化的情况下，也可以成为十分有利可图的一项策略。塞维利亚镶金教堂和建筑的工艺之美，依赖于对美洲的发现以及这个港口城市独占的洲际往返航线。然而，虽然美洲的发现带来了很多赚钱机会，我们也认为这是有利可图的（并非所有人都同意这一观点），但它并没有让这个世界变得简单。

同样地，想想约翰·D. 洛克菲勒（John D. Rockefeller）获得成功的策略："早早行动，发现石油。"世界上大部分采矿行业的特征大都如此，这是与简化相去甚远的特定策略。生物科技行业也是这样。

逃离市场调节作用的方法

以上所提到的三项非简化却也蓬勃发展的策略并非全部。还有另外一套方式，我们广义上将其归类为逃离完全竞争的市场调节作用的成功策略。这些策略能进行简化，但它们更偏向于增加复杂性。

市场调节作用是强力的杠杆，它们让你成为商品生产者，它们也可以毁掉你的利润。因此，好的策略能够抵御市场力量，创造喘息的空间和竞争优势，也能帮你保持市场份额与利润。许多战术和非市场现象如果和我们所讨论的战略路径相结合，就能够创造出让市场如同自然生态系统的竞争多样性。以下就是其中一些方法：

- 网络效应：网络效应出现在产品或服务的特性随着客户或参与者数量的增加而改进的时候。想象一个封闭的（无法跨平台运作）即时信息网络。如果它只联通了很少的人，那它基本就等于毫无用处，但如果每个人都联通在内，那它的作用就巨大了。用户人数越多，这项服务也就越好用，而规模较小的竞争者想提供另一个类似的平台就变得更加困难。网络效应的强大，让实质上拥有更好设计的产品也无法与最强的市场领导者抗衡，因为用户数量实在是太重要了。像这样的企业往往会摧毁它们的竞争对手；市场结构会倾向于完全垄断或寡头垄断。这很明显是对市场调节作用的遏制。有时候，比如谷歌、亚马逊或脸谱网，网络是建立在简化的基础之上的；还有些时候，比如电信网络、银行网络、轴辐式网络（比如航线目的地）或跨国组织（比如说欧盟）等网络，是一小部分的简化和大部分的复杂性结合而成的。

- 监管：政府或其他监管部门会告诫你的潜在竞争对手停止运营，或强迫它们费尽千辛万苦，让进入市场变成一个可怕、高风险以及/或昂贵的过程。这就是市场力量被遏制的另一个方式，许多公司都专注于高度监管的市场，从而获取了丰厚的回报。

- 知识产权：这是另一种形式的监管，尽管它是更为精英的一种监管。最好的情况是，保护知识产权为孤单与不稳定的发明之路提供了激励。而最坏的情况是，让道德败坏的专利流氓利用法律系统漏洞敲诈钱财。

- 锁定效应与切换成本：对于公司而言，虽然产品没那么好，却因为固有的大量用户基础而年复一年地获取高利润，这样的情形并不奇怪。在这样的情境中，至少在短时间内，拥有最好的产品并不紧要。

- 人际关系：我们都是社会动物，渴望与他人建立安稳舒适的关系。这固然值得赞美，但也让我们中的一些人被诈骗者的甜言蜜语所哄骗。再没有什么能够比紧密的人际关系更能影响判断、遏制市场力量的了。

- 稀缺性：有些东西天生稀少。按照定义来说，它们无法被复制。因此它们也无法直接被攻击。只要问问科莫湖东方别墅酒店的拥有者，他愿不愿意用它来置换另一家宾馆就知道了。同样，拥有 cats.com 这个域名的人也不可能将这个特殊的 URL 便宜卖出。
- 小众效应：有时，某个市场实在太小、太专业了，一旦它被占领，别的竞争者就没有兴趣进行争夺。从某种意义上说，市场效率似乎根本就没起作用，如果市场根本就承载不起两个竞争者，那么进入成本也会很高，使得现有的市场统治者能够独享盈利。
- 政府：企业无论大小，都在政府干预下免受市场调节作用的影响。有时，国家经济总量的一半都因此与竞争绝缘。政府很少进行简化；事实上，它们几乎总在让事情变得复杂。
- 非营利组织：它们是政府的近亲。通常从那些通过规避市场力量而发财的（在世或已经去世的）大人物那里得到很多赞助。

考虑到还有其他很多方法，经济竟还能不断增加国家和个人财富令人称奇。正如我们所见，很大一部分经济活动，几乎完全或很大程度上避开了市场的力量。这也是对 80/20 原则最好的展示和证明。

大局简化观

简化并不是唯一可行的策略，也不是唯一能够赚钱的方式，还有其他许多效果良好的非简化策略。

然而，我们必须记住两个基本点。

首先，很大一部分企业的收益都归功于简化者们。必须承认，这一点还没有得到严格证明；实际上，对它进行更深入的研究将是一项非常不错的博士课题。但考虑到本书中所探讨的简化者的收益，那些远超平均、持续数十年的高回报率，我们有自信认为，简化即为商业食物链的最高点。简化公司几乎只占所有公司的很小一部分，但它们却形成了经济总价值中的大部分。对于任何热衷于高回报的人来说，简化都是一项首要策略，可能也是最优策略。如果你是一名企业家，你必须研究你的公司是否能够找到简化方法，并以此实现市值增长。如果结论是不能，你可能需要考虑建立一家新企业，从零开始简化。作为一名企业家，你还需要知道，你的公司目前或未来是否会面对价格简化或命题简化的竞争者的威胁。如果答案是肯定的，你最好找出回避或击败潜在对手的方法，或者在威胁成真之前将公司卖掉。

如果说第一个基本点是经济与财务，那么第二个点就更普遍。

从消费者和人类的角度来看，简化策略的意义十分引人入迷。早从我们利用打火石制造工具开始，关于人类最根本、最明确的一个方面就是始终和最广义的科技密不可分。正是通过源于自然又高于自然的科技，我们创造了我们自己的环境。

这样以多种方式丰富起来、充满刺激、具有缓解痛苦能力的科技–人类环境，也正继续着自身不可避免、坚持不懈的进化之路。正是简化策略，通过非常实用和/或价格合理的产品和服务，以对人类更友好的方式带来科技的益处。没有简化和简化带来的便利轻松，我们也许会溺死在科技发展巨浪之中，我们也许会忘记，评判企业最主要的标准，并不是它为某些人创造的财富，而是它为多数人所做的贡献。

本章提到的几乎所有规避市场作用的非简化方法，都能给使用它们的企业以及企业的员工和拥有者带来好处。但是，这些非简化方法对我们来说并没有什么好处；实际上，有时它们所追求的利益与我们正好相反。

简化的愉悦性和正当性在于，企业家和他的团队能够规避市场力量，赚到钱，但同样也明白他们的所作所为对社会也有益。

50美元的智能手机将怎样改变非洲农民的生活？人工智能将如何改变我们尤其是我们孩子的生活？量子计算或是下一次的互联网技术飞跃又会带来什么我们不敢相信的科技进步呢？

无论未来如何变化，相信能够带来可接受、可承受且令人惊喜的有益改变的，都将会是简化者。

那么，本书临近结尾，给你带来了怎样的启发呢？

我们希望你已经等不及要进行简化了。但别指望这是一条轻松的新路：

- 简化并非一颗魔法子弹，也不是万无一失的成功公式。
- 你必须要有一个彻底的简化方案。
- 你必须开发出比任何现存产品或服务都要简单得多的新产品或服务，它必须在制造上更简单（因此实现至少50%的降价），或是在使用上简单到顾客愿意为它付出高价格。
- 除此之外，你必须将产品或服务简化为能够成为通用产品，必须征服和超越地理、文化和其他会影响到通用性的壁垒，这些虽然不要求一朝一夕就做到，但也必须要在短期内完成。比如说，雷·克罗克在得到麦当劳时也许并没考虑到阿塞拜疆。但是现在，任何在让简单产品或服务走向全球过程中的拖延都可能引致巨大的危险。
- 商业系统也要进行再设计，这样新产品与公司就能够安坐新网络的中央。顾客、供应商和其他重要参与者，比如说连锁商，也必须纳入这一系统之中，放置在围绕产品与公司的同心圆上，就像行星围绕太阳。
- 同样地，你必须将竞争对手驱逐到系统边缘，或完全踢掉它们。也许就可以让这些竞争对手撤离到你的公司与产品不考虑进行竞争的区域，但决不能让它们在新产品的核心市场上挑战你的霸权。
- 你必须抢在模仿者发布他们的版本之前，就进行产品或服务的国际化扩张。
- 简化是一种创意活动，但它也需要密集的实践。两者相结合十分困难。

但是，经济与客户心理之神偏爱简化者。一家小规模新公司，若能坚持采用两种简化策略中的一种，并且对它做出适合自身行业的调整，就能中头彩。

更进一步来说，简化者不仅造福了自己，也会对社会和所有人带来比非简化者更大的帮助。

最终，尽管简化的天才有限，但是能够通过简化想象与创造出来的简单通用产品却是无限的。

现在就出发，开始简化吧！

注　释

前　言

1. Richard Koch (2008) *The Star Principle: How It Can Make You Rich*, London: Piatkus.
2. 'Sunday Times Rich List 2015', *Sunday Times Magazine*, 26 April 2015, page 72: 'Richard Koch £180m'.

大揭秘！

1. Henry Ford (1922) *My Life and Work*, London: William Heinemann, pages 68–9.
2. Ray Kroc (1977) *Grinding It Out: The Making of McDonald's*, Chicago: Contemporary Books, pages 70–1.
3. Walter Isaacson (2011) *Steve Jobs*, New York: Simon & Schuster, page 126.
4. Ibid., page 564.

5　Leander Kahney (2008/2009) *Inside Steve's Brain*, London: Atlantic Books, page 96.

第1章　将出行大众化的人

1　Ford, op. cit., page 64.
2　Ibid., page 67.
3　Ibid., page 73.
4　Ibid., pages 67–8.
5　Ibid., page 58.
6　Ibid., page 72.
7　Ibid., page 69.
8　Ibid., page 66.
9　Ibid., page 74.
10　Ibid., page 68.
11　See Chapter 15.

第2章　坐巴士的亿万富翁

1　'He Lives in a Bungalow, Flies EasyJet and "Dries Out" Three Times a Year . . . The Man who Founded Ikea and is Worth £15bn', Daily Mail, 14 April 2008, www.dailymail.co.uk/news/article-559487/He-lives-bungalow-flies-easyJet-dries-times-year-man-founded-Ikeaworth-pound-15bn.html, retrieved 3 November 2009.

2　Ingvar Kamprad (1976) *The Testament of a Furniture Dealer*,

Delft, The Netherlands: Inter IKEA Systems BV.

3　Quoted in Chris Zook and James Allen (2012) *Repeatability: Building Enduring Businesses for a World of Constant Change*, Boston, MA: Harvard Business Review Press, pages 99–100.

4　'He Lives in a Bungalow', op. cit.

5　Kamprad, op. cit.

第 3 章　食品流水线

1　Quoted in Chip Heath and Dan Heath (2008) *Made to Stick: Why Some Ideas Take Hold and Others Come Unstuck*, London: Arrow, page 28.

2　Kroc, op. cit., pages 6–8 (adapted; the quotes are verbatim).

3　'The "Average" McDonald's by the Numbers', *Burger Business,* 8 February 2012, www.burgerbusiness.com/?p=9385, retrieved 3 November 2012.

4　Kroc, op. cit., page 100.

5　Ibid., pages 11–12.

6　Ibid., see photographs on pages 106–7.

7　Ibid., page 71.

8　Ibid., page 113.

9　Ibid., pages 77–8.

10　Ibid., page 113.

11　Ibid., page 115.

12　Ibid., page 100.

13　Ibid., page 159.

第 4 章　打败老大哥 ——1984 的真实故事

1　*Business Week*, 3 October 1983.
2　Quoted in Isaacson, op. cit., page 169.
3　Ibid., page 59.
4　Kahney, op. cit., pages 72–6; Isaacson, op. cit., page 73.
5　Isaacson, op. cit., pages 125–6.
6　Ibid., page 97.
7　Ibid., page 99.
8　Ibid., pages 95–100, 491.
9　Ibid., page 110.
10　Ibid., page 195.
11　Ibid., page 356.
12　Ibid., page 562.
13　Ibid.

第 5 章　战略简化者

1　We do not mean to imply that the leaders of BCG were being hypocritical. I don't think that the discrepancy occurred to them, or that they really thought about their frm as a 'business' in the same sense as their clients had businesses. If they had, they might have come to the realization (rather earlier than they did) that there are two kinds of customers and markets, each of which requires a different strategy: one based on price and volume; the other on proposition and margin.

第 6 章 出租车，以及 APP 的美丽新世界

1. 'Uber looks to flag down a $10 bn valuation'. *The Financial Times*. http://www.ft.com/cms/s/0/c4a403a6-dc71-11e3-9016-00144feabdc0.html.
2. 'Uber Confrms New $1.25B Funding Round At $40B Valuation'. TechCrunch.http://techcrunch.com/2014/12/04/uber-confrmsnew-1-2b-funding-round-looks-to-asia-for-expansion/.
3. 'Uber eyes $50 Billion Valuation in New Funding'. WSJ.com. www.wsj.com/articles/uber-plans-large-new-funding-round-1431137142.
4. "Uber Refueling Its Warchest Yet Again, At A Valuation Of Up To $70BN'. Techcrunch.techcrunch.com/2015/10/24/one-more-billion/. Retrieved 24 October 2015.
5. 'Uber is Generating A Staggering Amount Of Revenue'. *Business Insider.*http://uk.businessinsider.com/uber-revenue-projection-in-2015-2014-11.
6. 'Chicago – Uber's biggest launch to date?' Newsroom.uber.com.http://blog.uber.com/2011/09/22/chicago-ubers-biggest-launch-to-date/.
7. '"I'm a Bob the Builder" – Oliver Samwer at CEO Berlin'.

venturevillage.eu/ceo-berlin-im-a-bob-the-builder-oliver-samwer.

8 'Tech's Fiercest Rivalry: Uber vs. Lyft'. WSJ.com.www.wsj.com/articles/two-tech-upstarts-plot-each-others-demise-1407800744.

9 'Exclusive: Google is developing its own Uber competitor'. *Bloomberg Business.* www.bloomberg.com/news/articles/2015-02-02/exclusive-google-and-uber-are-going-to-war-over-taxis.

10 'An analysis of the labour market for Uber drivers'. Scribd.com.www.scribd.com/doc/253410228/An-Analysis-of-the-Labor-Market-for-Uber-Drivers.

第7章 两种策略与它们的权衡取舍

1 Horst Boog, Gerhard Krebs and Detlef Vogel (2006) *Germany and the Second World War,* Volume VII: *The Strategic Air War in Europe and the War in the West and East Asia, 1943–1944/5,* Oxford: Clarendon Press, page 407.

2 http://vintagepenguins.blogspot.co.uk/p/review-of-penguin-books.html, retrieved 15 August 2014.

3 George Orwell, 'Review of Penguin Books', *New English Weekly,* 5 March 1936, http://vintagepenguins.blogspot.co.uk/p/review-ofpenguin-books.html, retrieved 15 August 2014.

第 8 章 成为哪一种简化者?

1. Karl Marx (1863/1995) *Capital*, edited by David McLellan, Oxford: Oxford University Press, pages 291–2.
2. See both the report and appendices in Boston Consulting Group (1975) *Strategy Alternatives for the British Motorcycle Industry,* London:Her Majesty's Stationery Offce.
3. United States Bureau of the Census (1980) *Statistical Abstract of the United States*, Washington, DC: United States Bureau of the Census, page 648, quoted in Clayton Christensen (1997) *The Innovator's Dilemma: When New Technologies Cause Great Firms to Fail,* Boston, MA: Harvard Business School Press, pages 152, 158.
4. Richard S. Tedlow (1990) *New and Improved: The Story of Mass Marketing in America,* New York: Basic Books, pages 22–111. The market share data are on page 88, and the fnancial data on pages 92–3.
5. Ibid., pages 168–9.
6. Ibid., page 171.
7. Ibid., pages 169–75.
8. See Richard Rumelt (2011) *Good Strategy, Bad Strategy: The Difference and Why It Matters*, New York: Crown Business, page 221.

第 9 章　如何进行命题简化

1　Quoted in Peter Burrows, 'The Seed of Apple's Innovation', *Business Week*, 12 October 2004, page 188.
2　Kahney, op. cit., page 109.
3　http://designmuseum.org/design/jonathan-ive, retrieved 14 June 2014.
4　Kahney, op. cit., page 91.
5　Ibid., page 96.
6　As mentioned above, price-simplifers normally reduce variety to cut costs. But proposition-simplifers have a different agenda: to make their product or products better. This sometimes entails increasing product range.
7　Brad Stone (2007) 'Facebook Expands into MySpace's Territory', *New York Times,* 25 May, www.nytimes.com/2007/05/25/technology/25social.html?_r=0, retrieved 16 June 2014.
8　Isaacson, op. cit., page 126.
9　Ibid., page 133.
10　Ibid., page 78.
11　Tedlow, op. cit., page 168.
12　Stone, op. cit.

第 10 章　如何进行价格简化Ⅰ：产品再设计

1　'Southwest Airlines: A Brief History', www.southwest.com,

quoted in Southwest's Wikipedia entry, retrieved 2 November 2012.

2　Based on 2011 data, 'Scheduled Passengers Carried, International Air Transport Association', quoted in Southwest's Wikipedia entry, retrieved 2 November 2012.

3　James Carville and Paul Begala (2002) *Buck up, Suck up, and Come Back when You Foul up*, New York: Simon & Schuster, page 88.

4　Ibid., page 3.

5　Diane Coyle (1997) *The Weightless World: Strategies for Managing the Digital Economy,* Oxford: Capstone, page vii.

6　Henry Ford (1926) *Today and Tomorrow*, London: William Heinemann, page 14.

7　Ibid., page 68.

8　Ibid., page 15.

第 11 章　如何进行价格简化 II：商业系统再设计和规模扩大

1　Henry Ford, *Today and Tomorrow*, op. cit., page 15.

2　Tedlow, op. cit., page 128.

3　The 'Merry Oldsmobile' – really a motorized buggy and not strictly comparable with Ford's family car – was by far the largest-selling car model before the Model T. In 1904 it sold 5000 units, making it the market leader, before disappearing after Ransom E. Olds fell out with his fnanciers. The Model T sold 5986 in 1908, 12,292 the following year and 577,036 in 1916. Ibid., pages 119–25.

4 Ibid., page 123.
5 Ford, op. cit., page 80.
6 Tedlow, op. cit., page 274.
7 Ibid., page 261.
8 www.aboutschwab.com/about, retrieved 18 January 2015.
9 about.vanguard.com/who-we-are/fast-facts/.
10 http://www.statista.com/statistics/235553/assets-managed-in-mutual-funds-worldwide/.
11 Christensen, op. cit.
12 Ibid., page xv.
13 Ibid., page xx.
14 Ibid., page xxi.
15 Ibid., page xxiii.
16 Ibid., page 93.

第 13 章　强大公司的弱点

1 Tom Peters (1992) *Liberation Management: Necessary Disorganization for the Nanosecond Nineties,* New York: Alfred A. Knopf, page 489.
2 Christensen, op. cit., page 106.
3 Rumelt, op. cit., pages 135–7.

4　Theodore Levitt (1960) 'Marketing Myopia', *Harvard Business Review,* July–August, pages 45–56.

5　Christensen, op. cit., pages 115–17.

6　Ibid., pages 104–5.

7　Ibid., pages 135–7.

第14章　市场领导者怎样轻松简化

1　Christensen, op. cit., page 153.

2　Gordon Moore, Intel's co-founder and chairman, initially described IBM's use of the 8088 microprocessor in its PC as just a 'small design win' for his company. See George W. Cogan and Robert A. Burgelman (1994) 'Fading Memories: A Process Theory of Strategic Business Exit in Dynamic Environments', *Administrative Science Quarterly, 39* (1), pages 24–56; quoted in Christensen, op. cit., page 154 and 158.

3　Christensen, op. cit., pages 111–15.

4　Isaacson, op. cit., page 213.

5　http://gizmodo.com/5910223/how-yahoo-killed-flickr-and-lost-theinternet, retrieved 27 April 2015.

第15章　价格简化是否能带来回报

1　OC&C estimates based on data in John F. Love (1995) *McDonald's: Behind the Arches,* New York: Bantam, pages 12 and 152.

2   Authors' calculation based on McDonald's revenues of $2.6 million in 1961 (ibid., page 152) and $27,441 million in 2014 (McDonald's annual report).

3   This compares with a 2012 Bloomberg Billionaires Index estimate of €52.4 billion for Ingvar Kamprad's total wealth. The latter was technically incorrect, as Kamprad does not own the empire personally, but it can be taken as a reasonable estimate of the total value of all IKEA entities.

4   See an intriguing summary of the strategy debate in Richard P. Rumelt (1995) 'The Many Faces of Honda', www.anderson. ucla.edu/faculty/dick.rumelt/Docs/Papers/HONDA, retrieved 16 September2015.

5   Boston Consulting Group, op. cit.

第 16 章　命题简化是否能带来回报

1   Isaacson, op. cit., pages 388–9.

2   'The Fall of Facebook', *The Atlantic,* December 2014, page 35.

3   Rumelt, *Good Strategy, Bad Strategy,* op. cit., page 14.

4   Isaacson, op. cit., pages 386 (Rubenstein) and 384 (Schiller).

5   Ibid., pages 389–90.

6   Ibid., page 393.

7   Timothy Prickett Morgan (2011) 'ARM Holdings Eager for PC and Server Expansion', *The Register*, 1 February, www. theregister. co.uk/2011/02/01/arm_holdings_q4_2010_

numbers/, retrieved 15 September 2015.

8   Frederick C. Ingram's chapter on Tetra Pak, *The Gale Directory of Company Histories,* www.answers.com/topic/tetra-pak-internationals-a, retrieved 8 December 2014.

9   Peter Andersson and Tommy Larsson (1988) *Historien om dynastin Rausing,* Stockholm: Norstedts, page 23.

10 This may be an understatement, because OC&C has conservatively included McKinsey's 1963 revenues in the market size. A different defnition would include only the BCG revenues, since in 1963 it was the only frm in the world to be practising the new approach on the basis of the emergent methodology. Only in the late 1960s did McKinsey begin to offer anything approaching a similar mservice. If we were to say that the strategy consulting market in 1963 comprised only BCG's revenues, then the market has increased by 149,000 times since that year – a compound annual growth rate of 26.9 per cent.

第 17 章   简化的成功表现

1   Readers may wonder how this can be possible, given that BCG invented the market and went from 100 per cent market share to something signifcantly lower. The answer is that McKinsey's boardroom consulting revenues for 1963 are included in OC&C's defnition of the strategy consulting

market.

2　The corresponding UK fgures were a little higher: 2.3, 6.2 and 3 per cent, respectively (www.measuringworth.com for increases in the Consumer Price Index; authors' calculations for compound annual growth rates).

3　Strategists may note that the distinction between these two patterns is somewhat similar to the difference between the BCG/Michael Porter theory of competitive advantage (based on individual market segment advantage) and the Pralahad/Hamel theory of 'core competences' (as well as resource theory generally). However, our conclusion arose from *empirical examination* of how the extraordinary returns of our twelve simplifers accrued in practice. We therefore hope that a more 'universal', consensus theory of competitive advantage may emerge in due course.

第 18 章　简化的界限、力量与荣光

1　http://www.fastcompany.com/42485/michael-porters-big-ideas

致　谢

我（理查德）已经无法确切想起到底是谁建议我写这本书了，但我相信应该是在我提出写书的可能性之后，克里斯·乌特勒姆、格雷格·洛克伍德和我的出版商蒂姆·怀廷以及代理人萨莉·霍洛韦共同促成的。即使不是他们，只是我脑内的自主意识决定的，那他们四个也绝对都鼓励了我，所以他们肯定在一定程度上"难辞其咎"。如果这本书引起了大家的共鸣，那我应该好好地感谢他们。如果没有引起大家的共鸣，我认为责任都在他们，是他们浪费了我过去四年的时间。

说正经的，格雷格和我真心感谢克里斯、蒂姆和萨莉。首先，让我先说说克里斯和他的公司。

克里斯·乌特勒姆是 OC&C 战略咨询公司的创始人和荣誉主席，我还记得，当时和他谈论本书构思的时候，因为发现所有葡萄牙餐馆都关门了，我们只能去了阿尔加维的一家奇怪的"英式"酒吧，一边吃午餐一边讨论。克里斯立刻就喜欢上了我的构想，然后又拉来了他的合伙人之一尼克·法里，他也很乐意参与进来。如果他当时知道整个过程有多长，需要耗费多少时间与精力，他可能就不会这么乐意了！克里斯和尼克常常对初稿中的不足直言不讳，但他们始终保持着参与的热情，从未抱怨。他们和许多 OC&C 的同事对这本书的观念和最终组织形式做出了非常大的贡献。

OC&C 为本书承担了大量的研究计划，努力且机敏地揭示与估计了不少鲜为人知的市场数据。这一计划的成功，还要感谢艾维克·巴塔查里亚，以及理查德·布鲁克斯、格雷格·柯茨、马特·卡明斯、迈伦·拉姆和克里斯·史密斯。

蒂姆·怀廷是皮亚克斯出版公司（Piatkus）的出版人，他在从此书的成型到出版的全过程中尽心尽力，他的团队也十分专业，和他们工作是一种享受。

没有比萨莉·霍洛韦更好的代理人了，她一直是那样耐心而且乐于助人，但也在必要时刻敏锐而直接。

同时还要感谢两位商业策略方面的专业学者：安德烈·坎贝尔教授和戴维·J.科利斯教授，以及知名的美国市场营销大师佩里·马歇尔。安德烈是位于伦敦的阿什里奇商学院（Ashridge）战略管理中心的创始人和主任，他阅读了本书的好几版本的初稿，在考虑到使文本尽可能简单的前提下，给出了一针见血的敏锐评价。有时候难免会被他的评论所打击到，但他往往是正确的。此书因为他的帮助获益匪浅。

戴维很早就是我（理查德）在波士顿咨询的同事。他现在是哈佛商学院托马斯亨利卡罗尔福特基金会的副教授。和安德烈一样，戴维也仔细阅读了好几版本书的初稿，并且催促我们修正了不少重要的地方，我们也照做了。他同时还强调了在决定选择价格简化还是命题简化时，需要考虑到顾客是否愿意为一样的产品付更高的价格这一重要因素。他的观点影响了图表1，即第7章的简化机会表。

佩里是世界上最畅销的互联网广告书籍《谷歌关键字广告终极指南》(*Ultimate Guide to Google Adwords*)以及《80/20销售与营销》(*80/20 Sales and Marketing*)的作者。除了为本书的几版初稿给出有益的建议，他还邀请我去芝加哥为一场聚集了许多世界级企业家和CEO日的活动做主讲人，主题就是简化理论，这样的经验让我确信我们在做一件大事。佩里为本书的观念做出了巨大贡献，他始终是我们的知识与灵感之源。

我们同时也要对许多其他阅读了本书初稿并帮助改进的人表示深切的感谢。在此我要特别感谢安德林·巴克曼、娜塔莎·拉塔辛和艾丹·蒙塔格，他们都竭诚相助。

我的商业经理乔希·道格拉斯对文本提出数不胜数的实用建议，并且贡献了许多实践经验建议。他同时还帮我们完成了所有表格的绘制。

我（理查德）的同伴作曲家和流行歌手新星马修·格里姆斯戴尔，在整个过程中始终是我的力量之源，在我想要放弃认输的时候使我坚持了下来。

最终，衷心感谢参加了芝加哥简化论坛的150名来宾。你们是最棒的参与者，我们的材料因为你们的评论与热情变得更加可靠有效。想要观看这次会议精彩亮点的读者，可以登录www.simlify.fm找到它们。

图书在版编目（CIP）数据

极简法则 /（美）理查德·科克,（美）格雷格·洛克伍德著；李璐译. -- 南昌：江西人民出版社，2017.9（2017.10 重印）

ISBN 978-7-210-09721-1

Ⅰ.①极… Ⅱ.①理… ②格… ③李… Ⅲ.①企业管理—通俗读物 Ⅳ.①F272-49

中国版本图书馆CIP数据核字(2017)第213294号

Copyright © Richard Koch and Greg Lockwood, 2016
First published in the United Kingdom in 2016 by Piatkus.
This Chinese language edition is published by arrangement with Little, Brown Book Group.

本书中文简体版权归属于银杏树下（北京）图书有限责任公司
版权登记号：14-2017-0394

极简法则

作者：[美]理查德·科克　格雷格·洛克伍德　译者：李　璐
责任编辑：冯雪松　钱　浩　特约编辑：方　丽　筹划出版：银杏树下
出版统筹：吴兴元　营销推广：ONEBOOK　装帧制造：墨白空间
出版发行：江西人民出版社　印刷：北京盛通印刷股份有限公司
889 毫米 × 1194 毫米　1/32　10 印张　字数 209 千字
2017 年 10 月第 1 版　2017 年 10 月第 2 次印刷
ISBN 978-7-210-09721-1
定价：68.00 元
赣版权登字 -01-2017-687

后浪出版咨询(北京)有限责任公司 常年法律顾问：北京大成律师事务所
周天晖 copyright@hinabook.com

未经许可，不得以任何方式复制或抄袭本书部分或全部内容
版权所有，侵权必究

如有质量问题，请寄回印厂调换。联系电话：010-64010019